The Rules of LIFE

Richard Templar

できる人の人生のルール

リチャード・テンプラー
桜田直美 訳

Discover

できる人の人生のルール

The Rules of Life

THE RULES OF LIFE
by
Richard Templar

はじめに

幼い子供のころ、私は家庭の事情で二年ほど祖父母の家に預けられた。祖父は働き者だったが、仕事中の事故が原因で働けなくなり、すでに退職していた。そこで祖父の代わりに、祖母がロンドンの大きなデパートで働いていた。

そういうわけで、祖父はいつも家にいたのだが、当時は男が子育てをすることなど考えられない時代だった。だから祖母は、私を連れて出勤することにしたのだ。祖母は、デパートの上司に私が見つからないようにしながら、仕事をしていたのである。

子供の私にとっては、祖母と一緒に仕事に行くのは楽しかった。

一日中、祖母の仕事机の下でおとなしくしていなければならなかったが、私はそれが苦にならなかった。大きな机の下からデパートのお客さんを見ていると、時間はあっという間にすぎていった。

このデパートの机の下ですごした時間によって、私の人間観察力が鍛えられたのだと思う。大人になって初めて就職したとき、私はこの人間観察力のおかげで、出世する人の共通点を見つけることができた。

自分でも不思議だったが、同じ能力を持つ二人の人間がいたとしたら、私はどちらが昇進するかを当てることができた。

一言で言えば、すでに昇進したかのような服装で、昇進したかのように振る舞い、昇進した人物のように考えているほうが実際に昇進する。私は、職場の人間観察で「出世する人はどう行動しているのか？」を見つけることができたのだ。おかげで、私は、出世する人の共通点を自分自身の仕事のルールとして取り入れた。私はあっという間に出世の階段を上ることができた。

こうして発見した数々のルールが、ベストセラーとなった私のデビュー作『できる人の仕事のしかた（原題　The Rules of Work）』の基礎となった。

順調に出世していく人には共通点があるように、人生全般がうまくいっている人にもある決まった共通点がある。

私の観察によると、人間は二種類に分けられる。人生で成功するコツを心得ている人と、つまずきがちで生きることに苦労する人だ。

ここで確認しておきたいのだが「人生の成功」とは、金持ちになるとか、出世して有名になる、といったことではないということだ。

私が考える「人生の成功」とは、働き者だった私の祖父母から学んだ価値ある人生のことだ。毎日を多いに楽しみ、毎日一生懸命に働き、家族や友人とよい関係を築き、少しでも世界に前向きな影響を与えようと努力する——そんな人生を送ることが幸せであり、人生の成功なのだと、私は信じている。

では、人生で成功する秘訣とは何だろう？　その答えはシンプルだ。

「成功するには、成功するような選択をする」——これが答えだ。

人は誰でも、毎日何かしらの選択をしている。選択の中には、人を不幸にする選択もあれば、幸せにしてくれる選択もある。そこにはある一定のルールがある。

しかし、幸せで成功している人は、自分があるルールを守っていることに気づいていない。彼らは、生まれながらの「人生のルール」の実践者なのだ。無意識にやっていることだから、彼らには自分のルールを教えることができない。

そこで、私がまとめた「人生のルール」の出番があるのではないかと思う。ルールはすべて、幸せで成功した人たちを観察した結果をもとにつくっている。

幸せな人は、無意識のうちにこのルールのほとんどに従って生きている。一方「いつも何かうまくいかないことがある」「私の人生には何かが足りない」そんな人生を送っている人は、「人生のルール」に反した選択をしている。

それなら人生のルールを学べば即成功できる？　本当にそんなに簡単なのか？

もちろん簡単ではない。ルールに従って生きるのはそう簡単なことではない。ただ、ルールの一つひとつは簡単なことばかりだ。誰でも身につけることができる。だから、まずは一つか二つのルールを選んで取り組んでみることをおすすめしたい。

当然、私はすべてのルールを完璧にマスターしているのだろう、って？　とんでもない。私もすべてのルールを身につけているわけではない。正直に告白すれば、しょっちゅう道を外れてばかりいる。

しかし、ルールを知っているということは、たとえ道を外れても、正しい道に戻る方法を知っているということだ。私は完璧な人間ではないが、ルールのおかげで人生がおかしな方向にいってしまったときには、すぐ軌道修正できる。

ここで紹介するルールはすべて現実的なものばかりだ。一つひとつは昔ながらのまっとうな常識といってもいいだろう。あなたが知らないものは一つもないかもしれない。

この本は秘密の法則を教えているのではない。「人生のルール」は普遍的で、当たり前でシンプルだ。だからこそ効果は保証できる。ぜひ実行してもらいたい。

人生のルールに従っていないにも関わらず、世間的な成功を手に入れている人がいる。冷酷で、意地悪で、倫理的にどうかと思われるようなことをしているのに、それでも大金持ちになるような人たちだ。

これについては、どう解釈したらいいのだろうか？

そういう生き方を心の底から望むなら、あなた自身でそういうルールをつくればいい。私は協力できないが……。

天使として生きるか、それとも悪魔として生きるかは、あなたの選択次第だ。ちなみに私の「人生のルール」は、天使として生きるためのルールである。

私は、自分がしたことを誇りに思える人生を送りたいと思っている。後悔したり、人生そのものに不満を覚えたりするようなことは遠慮したい。

世の中の役に立った、人に親切にした、周りに少しばかりの幸せを広めた、楽しいことがあった、そういう思いを胸に眠りにつきたいと思っている。

心の平安を保ち、周りの人に前向きな影響を与える。

いい友人、いいパートナー、いい親になる。

世の中の役に立ち、目立たなくても誇れるような功績を残す。

「人生のルール」が目指すのはこういったことだ。

本書で紹介するルールの一つひとつはシンプルで、効果的で、安全で、実用的だ。段階を踏んで実行していけば、人生を確実によりよいものに変えていけるはずだ。

あなたは、自分の取り組みに誇りを持って、新しい人生を手に入れることができる。夜うなされるような後ろめたいことは、一切する必要はない。

ルールは一〇〇パーセント必ず守らなければ効果がない、というものではない。私自身は、毎晩寝る前に一日をざっと振り返って、「今日も、よくやったよ」と自分自身で納得できることを目標にしている。

ルールは、私からあなたへの贈り物だ。大切にしまい、秘密にしておいてほしい。

リチャード・テンプラー

できる人の人生のルール　もくじ

はじめに……3

The Rules of Life

1章　個人的成功のための55のルール

ルール1　ルールを秘密にする……20
ルール2　たくさん失敗するほうがいい……22
ルール3　過去の恨みはすべて許す……24
ルール4　ありのままの自分を受け入れる……26
ルール5　大切なことに集中する……28
ルール6　何に人生を捧げるかを決める……30
ルール7　新しい選択肢に心を開く……32
ルール8　世界の変化に興味を持つ……34
ルール9　悪魔の選択ではなく、天使の選択をする……36

ルール10 つらい出来事に感謝する……38
ルール11 最後に大声を出す人になる……40
ルール12 内なる声に耳を傾ける……42
ルール13 恐れない。驚かない。迷わない。疑わない……44
ルール14 後悔を行動に変える……46
ルール15 引き際を見極め、きっぱりとあきらめる……48
ルール16 怒りを感じたら一〇数える……50
ルール17 自分が変えられることに集中する……52
ルール18 自分にとっての最高の基準を決める……54
ルール19 自分は平凡な人間だと自覚する……56
ルール20 恐れずに大きな夢を見る……58
ルール21 飛び込む前に、水の深さを確かめる……60
ルール22 「過去は変えられない」ことを受け入れる……62
ルール23 人生を未来に先送りしない……64
ルール24 人生のスピードに乗る……66
ルール25 ブレない生き方を目指す……68
ルール26 今日を「特別な一日」と考えて服を選ぶ……70
ルール27 毎日、自分だけの時間をつくる……72
ルール28 人生の地図をつくる……74

ルール29 笑えるところを探す……76
ルール30 「いつも正しいことをする」と決める……78
ルール31 一〇〇パーセントの努力を続ける……80
ルール32 毎日、少しだけ勇気のいることをする……82
ルール33 自分自身に質問する……84
ルール34 時と場所を選んで、感情を表に出す……86
ルール35 昔ながらの価値観を大切にする……88
ルール36 理解できないことを受け入れる……90
ルール37 幸せは自分の中から生まれる……92
ルール38 嫌いな部分も丸ごと受け入れる……94
ルール39 自分を見て喜んでくれる人を大切にする……96
ルール40 あきらめるべきときには静かに立ち去る……98
ルール41 復讐の無限ループから身を引く……100
ルール42 体調は自分で管理する……102
ルール43 どんな場面でもマナーを守る……104
ルール44 定期的に部屋の物を捨てる……106
ルール45 自分の原点を大切にする……108
ルール46 自分の境界線をはっきりさせる……110
ルール47 買い物は値段ではなく質で決める……112

ルール48　不安になったら具体的解決策を考える……114
ルール49　精神的な若さを保つ……116
ルール50　お金に頼らない解決策を探す……118
ルール51　自分の頭で考えて結論を出す……120
ルール52　思い通りにならないことを楽しむ……122
ルール53　自分だけの〝元気の素〟を見つける……124
ルール54　罪悪感の取り扱いは要注意……126
ルール55　いいところを見つける……128

The Rules of Life

2章　パートナーと最高の関係を築く15のルール

ルール56　違いを受け入れ、共通点を大切にする……132
ルール57　お互いの自由な時間を大切にする……134
ルール58　パートナーに礼儀正しくする……136
ルール59　パートナーの自由を尊重する……138
ルール60　自分から先に謝る……140
ルール61　パートナーが喜ぶことを全力で計画する……142
ルール62　悩みを聞くことに集中する……144
ルール63　パートナーの幸せに情熱を捧げる……146

ルール64 セックスの知識とテクニックを学ぶ……148
ルール65 会話を絶やさない……150
ルール66 プライバシーを尊重する……152
ルール67 同じゴールを目指す……154
ルール68 親友よりパートナーを大切にする……156
ルール69 最高ではなく、満足できる関係を目指す……158
ルール70 二人のルールは柔軟に決める……160

The Rules of Life

3章 最高の家族・友人となるための14のルール

ルール71 何があってもそばにいる友人になる……164
ルール72 「忙しい」を言い訳にしてはいけない……166
ルール73 子供には失敗する自由を与える……168
ルール74 親を尊敬し、優しく接する……170
ルール75 子供のチャレンジを肯定する……172
ルール76 お金が返ってくると期待しない……174
ルール77 他人を批判しない……176
ルール78 子供の人格を責めない。悪い行動を注意する……178
ルール79 身近な人の前で、前向きに振る舞う……180

ルール80 子供に自由と責任を与える……182
ルール81 子供の反抗を喜んで受け入れる……184
ルール82 気に入らない子供の友だちを歓迎する……186
ルール83 いつまでも子供としての役割を果たす……188
ルール84 親としてできる最高の仕事をする……190

The Rules of Life

4章 社会の一員としての17のルール

ルール85 文化や人種の違いを特別視しない……194
ルール86 相手の立場で考えてみる……196
ルール87 誰にでも優しくするのを基本にする……198
ルール88 相手の得になることを探す……200
ルール89 ポジティブな人と付き合う……202
ルール90 知識とスキルを惜しみなく提供する……204
ルール91 手を汚して世界に参加する……206
ルール92 自分より恵まれた人を恨まない……208
ルール93 周囲の人と自分を比べ、優れた人を手本にする……210
ルール94 キャリアプランを持つ……212
ルール95 自分の仕事が世界に与える影響を考える……214

ルール96 仕事のできる人になる……216
ルール97 自分が環境に与える影響を自覚する……218
ルール98 人類の栄光に貢献する人になる……220
ルール99 世界の問題を解決する人になる……222
ルール100 歴史にどう評価されるかを考える……224
ルール101 社会に還元する……226
おわりに……229

1
章

個人的
成功のための
55のルール

The
Rules
of
Life

本書の四つの章は、あなたの人生の構成要素と対応している。
その四つとは「あなた自身」「あなたとパートナー」
「家族と友人」「職場と社会、世界環境」だ。

四つの中で、もっとも重要な要素は「あなた自身」だ。
他のどの要素がうまくいっていても、
個人的成功がなければ人生の成功はありえない。

毎日、前向きな気持ちで人生と向き合うこと。
何が起こっても自信を持って、主体的に解決すること。
正しく世界を見る目を持ち、
それを元に自分の目標・基準を決めること。
このルールが目指すのは、こういうことだ。

人には、自分なりの基準や目標が必要だ。
自分なりの基準がないと、
自分が正しい方向に進んでいるかどうかもわからなくなる。

基準さえあれば、道に迷っても正しい場所に帰ってこられる。
自分が進歩しているかどうかも判断することができる。
何より、もっと人生を楽しむことができるようになる。

ルール１

ルールを秘密にする

あなたは今まさに〝人生を変える旅〟に出発しようとしている。ルールに取り組むことで、成功への道を切り開き、幸せになろうとしている。

そのために、あなたが守らなければならない第一のルールは「秘密にする」ということだ。本書を読んでいることは秘密にしなければならない。

ルールに取り組み始めると、間違いなく人に話したくなるときがくる。それは、ルールがあなたの人生を変えるからだ。

自分を変える努力がうまくいき始めたら、それを人に話したくなるのは当然のことだ。しかし、それでも秘密にしておかなければいけない。

ルールのことを人に話すのは、愛煙家に禁煙の秘訣を教えるようなものだ。

禁煙に成功した人が、健康的な生活のすばらしさに感動し、タバコを吸っている友人たちに布教してまわるのを見たら、あなたはよく思うだろうか。

問題は、相手には禁煙する準備ができていないということだ。いくら親切心だとしても、相手からすればうるさいだけ。だから、ルールは秘密にしなければならない。

ルールに取り組んでいると、自然と内側から温かい光がにじみ出るようになる。あなたが何も言わなくても、周りから「何かあったの？」などと質問されることがあるはずだ。

質問されたとしても「別に変わりないよ」と答えればいい。「今日は気持ちのいい天気だしね」とでも答えよう。正直に話す必要はまったくない。

「何かあったの？」というのは「ご機嫌いかが？」というあいさつだと考えよう。相手が聞きたいのは「いいですよ」の一言だけ。あなたが絶望のどん底にいたとしても、相手が期待するのは決まり文句の「いいですよ」の一言なのだ。

ルールに取り組んでいることも同じだ。周囲の人は、「人生のルール」のすばらしさを知りたいとは思っていない。だから秘密にしておこう。

ただ黙って、自分のやるべきことをやっていこう。そして、あなただけが周りとは違うオーラを出していればいい。その秘訣は、誰にも話してはいけない。

ルール2

たくさん失敗するほうがいい

年を取れば取るほど、人は賢くなる……かというと残念ながら、そんなことはない。実際、人はいくつになっても失敗をする。うまくいかない方法を事前に見分けるような賢さは、年を取ってもなかなか身につかない。

たしかに人は経験から学ぶことができるから、一度失敗すれば同じ間違いはくり返さないですむ。それでも新しい失敗の種は、いくらでも転がっている。

人生においては、未知の領域がつねに存在する。そこでは、ひどい失敗をせざるを得ない。だから、冒険好きで人生を楽しもうとする人ほど、未知の領域に突入することも多いから、失敗も増えるというわけだ。

だから肝心なのは、失敗をしないように、注意に注意を重ね、完璧を期すことではない。秘訣は、人は完璧にはなれないという事実を受け入れること、そして、失敗をくよくよと悩まないことだ。

賢さとは、失敗をしないことではない。むしろ失敗をしても上手く切り抜けることが賢さだ。**失敗しても、落ち着きを失わず、堂々としていることができる――これが賢さの証明だ。**

失敗のときにやるべきことは多くない。失敗したら、原因を解明し、同じ失敗をくり返さないと心に誓う。そこまでやれば、もう他にやれることはほとんどない。


人は誰でもみんな年を取る。年を取ったからといって賢くなるわけではないが、おおむね、年を取るほど人生はよくなるものだ。

それは、それまでに**たくさん失敗しておけば、未経験の失敗の数は減っていく**からだ。人生の早い段階でたくさん失敗しておけば、年を取ってから手痛い失敗を経験しなくてすむのである。

だから、失敗をしても嘆くことはない。できるだけたくさん失敗をやらかしておけば、その後の人生が順調になるのだから。

ルール3

過去の恨みはすべて許す

私は、どうみても理想的とはいえない子供時代を送った。両親を恨んだこともあった。そして私は、自分の弱点や欠点を恵まれなかった子供時代のせいにしていた。自分がうまくいかないのを、何かのせいにしないではいられなかったのだ。

しかし、「どう生きるかは自分次第だから、過去の恨みや怒りはすべて許そう」――そう考えるようになってから、人生が一気によくなった。

私の兄弟の一人は、残念ながらこの道を選べなかった。大人になっても、子供時代のことをずっと恨みに思っていた。そして、ついに自分自身が潰れてしまった。

過去の経験に「あれはいい経験だった」とか「あれは最悪の経験だ」とレッテルを貼ることに意味はない。

たしかに、ある種の経験は悪いとしか言いようがない。しかし本当に悪いのは、経験そのものではない。その経験からネガティブな影響を受けてしまうことだ。

恨みや怒りや後悔を引きずってしまうと、前に進めなくなってしまう。しかし、あなたには「過去の経験を忘れる」という選択肢がある。いい勉強になったと前向きに受け止められたら、あとはただ前に進むだけになれる。

人生を最大限に楽しむために、過去の嫌な出来事は貴重な経験だったと考え、恨みや後悔は忘れて前に進む――これは私の人生に欠かせない哲学だ。

たしかに子供時代はたいへんだった。それでも、あの経験のおかげで、今の私がいるのである。**恨んでいる相手を連れてきて目の前に並べたところで、彼らにできることは何もない。**私が本当に変わることができたのは、その事実に気づいたときだった。

過去に戻ることは誰にもできない。ただ未来に向かって進んでいくだけだ。これを人生のモットーにしよう。

ルール4

ありのままの自分を受け入れる

このルールで言いたいのは「自分を愛しなさい」といったことではない。それはハードルが高すぎる。ここではまず単純に「ただ受け入れる」ことから始めよう。

自分を向上させる必要はないし、変わる必要もないし、完璧を目指す必要もない。むしろその正反対だ。ただ「ありのままの自分を受け入れる」ことから始めるのである。

今の自分に満足して自堕落な人生を送ればいい、という意味ではない。**まずは今の自分をそのまま受け入れて、そこから成長を目指す**——これは、そのためのルールだ。

今の自分に気に入らないところがあるからといって、必要以上に自分を責めてはいけない。もちろん気に入らないところは変えることができる。それはもう少し先の話だ。まだ四つのルールしか学んでいないのだから。

「自分を受け入れる」——これはルールにするしかない。なぜなら、そもそも他の選択肢はないからだ。
これまでの人生で起こったことのすべての結果として、今のあなたが存在する。人は誰でもありのままの自分から始めるしかない。毎日の選択の積み重ねで「今よりもいい人間になることを目指す」しか道はないのだ。

今より成長できる選択をする——それが人生における最善の選択だ。

そして、ときにはそれができないことも受け入れる。人間なら、理想とはほど遠いことをしてしまうときもある。それでもかまわない。あまり自分を責めてはいけない。また気を取り直し、一から始めればいい。

たしかに、挫折から立ち直るのは難しいときもあるが、ルールに取り組み始めたのなら、それだけで成長への道を歩いていることになる。だから、自分のダメな点を数え上げて、自分をみじめに思うことはもうやめにしよう。
自分をいじめてはいけない。その代わりに、ありのままの自分を受け入れよう。
あなたは今の時点で最善を尽くしている。そんな自分をほめてあげることを忘れないでほしい。そして前に進んでいこう。

ルール5

大切なことに集中する

優しく思いやりのある人になるのは大切なことだ。

誰かを傷つけたりせずに一日を終えるのも大切なことだ。

しかし、最新の電子機器を手に入れて、使いこなすのは大切なことではない。

別に私はスマートフォンに恨みがあるわけではない。実際、最新の電子機器はたいてい試してみている。最新の電子機器はたしかに便利だ。だが、それだけだ。それに特別な意味があるわけではない。

人生で「本当に大切なこと」と「どうでもいいこと」を見極めて、大切なことに集中して取り組むこと。それが、このルールの意味だ。ただ漫然と毎日をすごすのではなく、自覚的に行動するという意味でもある。

私の友人で作家のティム・フレークは、この状態を〝**目覚めた人生**〟と呼んでいる。このルールの本質を表現する完璧な言葉だ。

人生には大切なことがいくつかある。そしてどうでもいいことは、うんざりするほどたくさんある。「大切なこと」と「どうでもいいこと」を見分けるのは、そんなに難しいことではないはずだ。

私はなにも、人生からどうでもいいことをすべて排除しろと言っているわけではない。どうでもいいこともあるのが人生だ。ただ「本当に大切なこと」と「どうでもいいこと」を間違えないようにしなければならない。

愛する人や友人とすごす時間は大切だ。最新のテレビドラマを観る時間は大切ではない。借金を返すのは大切で、どのブランドの洗剤を使うかは大切ではない。子供に正しい価値観を教えるのは大切で、子供にデザイナーズブランドの服を着せるのは大切ではない。

もうあなたもわかっただろう。**自分のしていることの中で、本当に大切なものは何か考えてみよう。そして、もっと大切なことに集中してすごしていこう。**

ルール6

何に人生を捧げるかを決める

あなたは何に人生を捧げているのだろうか？

この質問には正しい答えも間違った答えもない。個人的な選択だからだ。しかし、自分なりの答えを持っておくことは大切だ。

私の話をしよう。私には生涯を通して取り組んでいることが二つある。

一つは、「この世を去るときには自分の魂しか持っていけない。だから、自分の持ち物の中で魂を最高のものにする」ということ。

もう一つは私の「一風変わった子供時代」に関することだ。

一つめに、宗教的な意味はまったくない。ただ、ある人から言われたこの言葉が心に響き、私の中の何かが突き動かされた。

どうすれば、最高の魂を手に入れることができるのだろうか？　答えはまだ見つかっていない。いろいろと学び、失敗もした。私はこの人生の大問題とずっと格闘している。

ずっと考えてきて、たどり着いた結論は一つだ。**できるだけまっとうな人生を送り、人の迷惑にならないように努力し、出会う人に敬意を持って接する。**私はこの目標を実践することに、自分の人生を捧げている。

もう一つの「一風変わった子供時代」については説明が必要だろう。

私は、いわゆる〝機能不全家族〟に育った。でもあるとき、それをモチベーションにする人生を選びたいと決意した。そして私と同じように、つらい過去の悪影響を捨てなければならない人の役に立ちたいとも思っている。私はそれに人生を捧げている。

二つとも大それたことではない。世間に宣伝しようとも思わない。ただこの二つが、私の心の中に静かに存在する行動規範となっている。そして、この**行動規範があるおかげで、「自分はやるべきことをきちんとやっているか？」ということが簡単に確認できる。**

行動規範は、自分だけのミッションステートメントと言ってもいいだろう。たとえばディズニーのミッションステートメントは、「人々を幸せにする」だ。個人も企業も行動規範が決まると迷いがなくなる。そして、すべての決断がずっと簡単になる。

ルール７

新しい選択肢に心を開く

「心を開く」とは、武道の極意と似ている。

リラックスする必要があるが、完全に気を抜いてはいけない。突然、襲われたとしても軽々と身をかわす心構えができている——そんな心の状態のことだ。

人生の大嵐は、予想もしないタイミングでやってくる。心が閉じていて、思考が決まったパターンに固まっていると、予期せぬ大嵐に対応することは難しい。しかし、すべての選択肢にオープンでいるならば、いつ大嵐が来ても受け止められる。

しかも人生は敵ではない。むしろ友好的なスパーリングパートナーだ。だから、**人生の繰り出すパンチに心を開いて柔軟に対応できれば、人生は最高に楽しくなる。**

人には誰でも、自分なりの決まった行動パターンがあるものだ。毎日同じ新聞を読む。

連続ドラマを楽しみに観ている。なじみの店で食事し、毎日同じような服を着る――。これが悪いとは言わないが、その調子で、他の可能性から完全に自分を切り離してしまっては、硬直したつまらない人間になってしまう。

一歩踏み出せば人生は冒険の連続だ。すべてが楽しみ、学び、探検するチャンスだ。新しい友人をつくり、新しい経験をし、自分の地平線を広げないともったいない。冒険を拒否するのは、生きるのを拒否するようなものだ。今度、**何か新しい冒険をするチャンスがあったら、迷わず挑戦してみよう。**

あなたの心は開いているだろうか？　確認するために、次の質問に答えてみてほしい。

- 今、カバンに入っている本は、いつも読む本と似たような種類だろうか？
- 「そういうタイプの人は友だちにはいない」「そういう場所へは行かない」と言うことがあるだろうか？

もし答えがイエスなら、新しい選択肢にオープンになって、ちょっと冒険をしてみるべきタイミングだ。

ルール8

世界の変化に興味を持つ

「今、新たに世界で起こっていることを知る」――今日からこれを自分の使命としよう。時事問題、音楽、ファッション、科学、映画、食べ物、交通手段などなど、とにかくあらゆることに興味を持つようにしよう。

最新の電子機器のすべてを手に入れる必要はない。それでも、何が変化し、何が新しく生まれ、何が起こっているのか――世界のおおよその姿をつかんでおくことは大切だ。

そんなことをしてどんな利益があるのかって？

物知りでおもしろい人になれるし、若々しさを保つことができる。

先日、郵便局に行ったときに、あるおばあさんがＰＩＮコード（個人識別コード）について大騒ぎをしていた。

「ＰＩＮコードって、いったい何なのかしら。この年でそんなこと言われたって…」

しかし、このおばあさんはＰＩＮコードを知る必要がある。知らなければイギリスでは年金も受け取れないからだ。

人は油断すると、すぐに「今までやったことがないのだから、これからもやらなくていい」という心理状態に陥ってしまう。しかし、そんな態度では、人生のチャンスをことごとく逃してしまうのだ。

幸せで、バランスのいい人生を送っている人は、必ず世界と関わっている。世界から自分を切り離さずに、世界の中で生きているのだ。そういう人は、一緒にいても楽しくて刺激を与えてくれる。

先日、朝のラジオを聴いていたら、アメリカの刑務所の責任者がインタビューを受けていた。話題はアメリカの刑罰制度の改革だ。

私はイギリスに住んでいるし、アメリカの刑務所に入っている知り合いもいない。まったく関係のない話題だが、この話を興味を持って聞いた。この新しい知識から、私の頭が刺激され、活力が満ちてくるのを感じた。

知識は力だ。新しい世界から刺激を受け、エネルギーをもらうのは悪いことではない。

ルール9

悪魔の選択ではなく、天使の選択をする

ラッシュアワーの道路で、誰かが割り込んできた。

急いでいるときに、誰かから道を尋ねられた。

みんなが見ている前で、上司に「バカ」と言われた。

あなたは、こんな場面でどんな選択をするだろうか。

私たちは毎日、無数の選択にさらされている。すべての選択は、突きつめると「天使の側につくか、それとも悪魔の側につくか」に分類できる。あなたはどちらの選択をしているだろうか。

ほとんどの選択においては〝天使の選択〟をするほうが困難だ。しかし、人生で成功したいのなら、天使の側につくことを意識的に選ばなくてはならない。

ここで確認しておきたいが、成功とは金持ちや有名人になることではない。満ち足りた

幸福感にあふれた人生を手に入れることが成功だと私は考えている。

天使と悪魔の区別は誰にも教えてもらえない。両者を分ける基準は、あなた自身が決めなければならないが、たいていの場合は、以下の質問をすれば答えは明らかになるはずだ。


その選択は、誰かを傷つけるだろうか？

その選択であなたは「世界をよくする人」になるだろうか、それとも「世界に問題を増やす人」になるだろうか？


何が天使で、何が悪魔なのかは、あなたの基準だ。あなたは自分だけの力で、状況ごとに正しい答えを出さなければならない。

他人の選択に対して、「それは悪魔の選択だ」と指摘してもしょうがない。それも、その人自身の選択だからだ。

もちろん、完全な第三者として、他人の行動を観察することはできる。

「私ならあの行動は選ばないだろう」「ああ、あの人は天使につく側を選んだんだな」

そう心の中だけで考えればいい。そして、自分の意見は自分の中だけにとどめておくことにしよう。

ルール10

つらい出来事に感謝する

人生がすべて楽しい時間だけになったら、それは退屈な人生となるはずだ。**雨が降らない世界では、雨が止んでビーチに飛び出していく喜びを味わうことはできない。**

「流れに身を任せることができるのは死んだ魚だけだ」――この言葉を覚えておこう。死んだ魚ではない私たちは、流れに逆らって泳ぎ続けなければならない。滝やダムに行く手をはばまれたり、急流に翻弄されたりすることもある。それでも、逃げるわけにはいかない。泳ぎ続けなければ、流れに飲まれてしまうだけだからだ。

努力は無駄にはならない。尾びれや胸びれや背びれを必死で動かすたびに、私たちは強くなる。身体が引き締まり、健康になり、幸せになる。

ある統計によると、仕事を辞めるのは、男性にとって健康上の大きなリスクとなるのだそうだ（この統計は男性のみで女性のデータはなかった）。実際、多くの男性が、仕事を引退してわずか数年以内で死亡してしまうのだという。

流れに逆らって泳ぐのをやめると、流れに飲みこまれてしまうというのは、こういうことではないだろうか。だから小さき魚である私たちは、ただひたすらに泳ぎ続けるべきなのだ。

泳ぎ続けていれば、必ずいつか障害にぶつかる——それこそが人生の喜びだ。〝成長のチャンス〟だと喜ぶべきなのだ。障害にぶつかって、あなたは強くなる。弱くなることは絶対にない。

人生の戦いに終わりはないが、戦いの合間には、しばしの休息の時間がある。その間だけほっと一息つき、また次の戦いが始まるまでの時間を楽しむ。それが人生というものだ。

あなたは今どちらの状況だろう。戦いか、それとも休息か？

うんざりする雨降りか、それとも晴れたのでこれからビーチに向かうところだろうか？

死んだ魚か、それとも元気な鮭か？

ルール11

最後に大声を出す人になる

これは私にとってかなり難しいルールだ。私はすぐに大声を出してしまう性格だ。きっと怒鳴り声で話すのが普通の家庭で育ったからだろう。声が小さいと、存在することさえ気づいてもらえなかったし、自分の意見を通すなどもってのほかだった。

私の息子の一人が、この遺伝子を引き継いでしまった。息子の大声を聞くと、私も一緒に大声を出したくてたまらなくなってしまう。

実際、世の中は大声で叫びたいことだらけだ。

子供が部屋を片づけない。

パソコンが何度も壊れ、サポートセンターに電話しても通じない。

地元の不良が自宅の塀に落書きをした。しかも初めてではない……。

私と同じように、ついつい大声を出してしまう人は、どうすればいいのだろうか。
私の場合は**「大声を出してしまいそうだ」と感じたら、その場を去る**ようにしている。これも簡単ではない。特に正しいのは自分だと確信しているような場合はなおさらだ。

人が大声で怒るには二種類のケースがある。正当な怒りと、相手を操るための怒りだ。たとえば、信号無視の車にぶつけられてしまったのに、相手は自分の非を認めない。こんな場面で怒るのは当然だ。この場合は、大声を出してかまわない。
一方で、自分の思い通りに人を動かすために怒りを利用する人がいる。これが「相手を操るための怒り」だ。こういう人は無視してかまわない。自分の立場をきっぱりと主張するべきだ。ただし、一緒になって大声を上げて、自己コントロールを手放してはいけない。

私には難しいが、この**ルールを「大声を出してはいけない」と変えられるのなら、そうするべきだ。判断する必要がなくなるからルールを守るのも簡単になる。**
それができれば、あなたは「どんな状況でも落ち着いている人」と評価されるようになる。落ち着いている人は信頼され、尊敬され、責任ある仕事を任される。そして、最後に笑うのもいつも落ち着いている人だ。

ルール12

内なる声に耳を傾ける

〝内なる声〟とは、その人の中にある〝知恵の泉〟のようなものだ。しかし、その声を聞く技術は、簡単には身につかない。ゆっくりと時間をかけて学ぶ必要がある。

それにはまず、自分の中の〝小さな直感〟や〝かすかな感情〟に気づくことから取り組まなくてはならない。**〝内なる声〟は、静かな声だ。聞き取るには集中力がいる。**

〝内なる声〟は〝良心〟と言い換えることができるかもしれない。

人は誰でも、何か間違ったことをしてしまったときに、心の奥底では気づいている。自分ではいくら言い訳をしたとしても「謝らなければならない」「軌道修正をしなければならない」ということは、すべてわかっているのだ。〝内なる声〟から逃げる方法はない。

「これをするのは正しいだろうか?」——何か行動を起こす前に、まず自分の〝内なる

声〟に質問してみよう。そして、反応を注意深く観察しよう。面倒に感じるかもしれないが、慣れればずっと簡単になる。

〝内なる声〟に耳を傾けられるようになると、それが役に立つことがわかる。行動を起こす前に、それが正しいのか、それとも間違っているのかを教えてくれるからだ。

ここで一つ注意がある。〝内なる声〟とは、思考や感情のことではない。もっと胸の奥深くにある、静かで落ち着いた声だ。

〝内なる声〟は、まったく話さないことも多い。それが、思考や感情と違うところだ。思考や感情は、ひっきりなしに何かをまくし立てている。だから〝内なる小さな声〟が何かを話していても、もしかしたら考えの奔流にかき消されてしまうかもしれない。

〝内なる声〟が聞こえるようになったからといって、未来の出来事はわからない。競馬で勝つ馬もわからないし、サッカーの試合の結果もわからない。しかし〝内なる声〟はもっと大事なこと――「あなたはどんな行動を取るべきなのか」を教えてくれる。

あなたはすでに、知るべき答えを知っている。それは、ただ自分に尋ねればいいだけなのだ。

ルール13

恐れない。驚かない。迷わない。疑わない

このルールは一七世紀の日本のサムライの言葉からの引用だ。剣術家として成功するための四つのキーポイントである。これは人生の成功にも通じている。

恐れない

人生で恐れるべきことは一つもない。もしあるなら、それを乗り越えなければならない。私には、高所恐怖症という弱点がある。しかし先日、雨どいに穴が開いて、屋根に上らなくてはならなかった。私は作業中、ただ「恐れない、恐れない」とくり返した。

あなたも恐怖が何であれ、その恐怖と正面から向き合い、克服しなければならない。

驚かない

人生は驚きの連続だ。しかし、注意して観察していれば、それが起こる予兆を見つける

ことはできる。予兆が見つかれば、驚く必要はないはずだ。
それでは、なぜ人生は驚きの連続のように感じるのだろうか。それは、ぼんやりとしているからだ。はっきりと目を覚ましていれば、突然の出来事に驚くことはない。

迷わない

目の前に選択肢があるなら、どれを選ぶかを決め、あとは行動するだけ。それが行動の秘訣だ。助けを待ったり、アドバイスしてくれる人が現れるのを待っていてはいけない。避けられないことがあるのなら、思い切って飛び込んで、あとは冒険を楽しもう。何もしないで待っていても、どこにもたどり着けないのだから。

疑わない

一度何かを決めたなら、決断を疑わない。あとはリラックスして状況を楽しむだけだ。心配しなくても、明日は必ずやってくる。
はたしてこれは正しい決断だったのか、この道で本当に成功できるのか。そんな疑いは捨ててしまおう。自分の判断力を完全に信頼し、あとは前に進んでいくだけだ。

ルール14

後悔を行動に変える

私にも後悔していることがある。もしかすると、私なら「人生に後悔は無用だ」とでも言うと思っていたのではないだろうか。しかし、実際のところ、後悔はとても役に立つ。**後悔は〝前に進む力〟に変えることができる**からだ。

後悔には、三種類のシナリオがある。

一つめは、チャンスを逃がしたことを本気で後悔しているというシナリオ。

二つめは、他の人の活躍を見て、自分だったらよかったのにと思うシナリオ。

三つめは、「自分だってやればできる」と思いながら、結局何もしないというシナリオ。

三つめの人は「チャンスがあれば」「運がよければ」と思いながら、ずっと同じ場所にとどまるのがパターンだ。たとえ目の前にチャンスが現れても、気づくことができない。

自分以外の誰かがすごいことを達成した場合は、人の反応は二種類に分けられる。「嫉妬する人」と「自分もがんばろうと思う人」だ。

もしあなたが、「自分だったらよかったのに」と嫉妬するタイプなら、一歩進んで、「自分も同じことをするために、こういう行動を取ろう」と決意できる人になろう。

実際、**「自分だったらよかったのに……」と感じることは、やればできることが多い。**まったく同じことができるとはかぎらないが、実現する方法はいろいろあるはずだ。

たとえば、「あの人みたいに、大学を一年休学して旅行すればよかった」と思っているのなら、今から大学時代に戻ることはできないが、長期休暇を利用して、旅行することならできる。半年は無理でも、いつもより長めの休暇なら取れるかもしれない。家族がいるなら、家族も連れていけばいい。どうしても無理なら、仕事を引退したら真っ先に長い旅行をすると、今から決めておくという方法もある。

オリンピックの陸上競技で金メダルを取れなかったことを後悔している？　もしあなたが三〇代以上で、一四歳で陸上を辞めたなら、その夢をかなえるのは難しい。今のあなたにできるのは、もう二度とチャンスを逃すようなことはしないと心に誓うことだけだ。

とりあえず前から迷っているスキューバダイビングの教室に、今すぐに申し込もう。もし申し込まなかったら、きっと二〇年後に後悔することになるのだから。

ルール15

引き際を見極め、きっぱりとあきらめる

運転免許のテストに三五回も落ちた人がいる。その粘り強さには感心するが、そもそも車の運転には向いていないのだろう。危険な鉄の塊を、子供や老人が行き交う道路で走らせる才能に恵まれなかったのだ。

「よくわかった。私に運転の才能はない。自転車とバスの定期券を買おう」と潔く敗北宣言をすることもできたはずだ。私はそういう人を尊敬する。現実が見えているからだ。

意志が弱いからあきらめたのではない。やる気がないわけでもない。ただ、自分に送られた明確なフィードバックを読み取る分別をきちんと持ち合わせていたということだ。

間違った道かどうかを確かめる方法は、実際に挑戦してみることしかない。だから、やってみて「これは私の道ではない」とあきらめるのは恥ずかしいことではない。

大学の専攻科目が実は自分に向いていなかった。
仕事を始めてから自分には才能がないとわかった。
新しい街に引っ越したが、なじむことができなかった。

こういった間違いを認めるには勇気が必要だ。途中でやめるのは弱さの表れではない。むしろ強さの証明だ。失敗を恥じることはない。絶対に失敗しない人などいない。やってみて、できなかったとなる可能性は誰にでもある。

数年前、あるイギリスの女性閣僚が辞任した。辞任の理由は、本人の言葉を借りれば「自分の力不足」だ。私は、その閣僚を評価していなかったが、辞任の一件以来、評価が急上昇した。私と同じように感じた人は、他にもたくさんいるだろう。

自分の能力不足を認めるのは勇気がいる。彼女はたしかに閣僚には向いてなかったのかもしれないが、正直さ、勇気、正確な自己評価という点では、他の政治家よりはるかに優れていることは間違いない。

正しい理由で、正しいときにあきらめれば、自分の強さを証明できる。彼女は、それを見事に体現してくれた。

ルール16

怒りを感じたら一〇数える

生きていれば思わずカッとなってしまうことが必ずある。しかし、あなたは今日から、自制心を失うようなことはやめよう。でも、どうやって……？

その答えは、昔から伝わる知恵の中にある。そう。「怒りの発作に襲われたら、深呼吸しながら一〇数える」という方法だ。

私はこの方法でいつもうまくいく。この一〇秒は、冷静になって自分を取り戻す貴重な時間だ。この**一〇秒で、われに返って心を落ち着かせれば、一〇秒後には適切な対応を考えることができる**ようになっている。

ポイントは「きちんと一〇まで数えること」だ。数を数える代わりに詩を暗唱してもいいだろう。たとえば、こんな詩はどうだろう。

「また海に出なければならない。
大空の下、たった一人で海に浮かぶ。
前に行ったとき、ズボンと靴下を忘れてきたんだ。
水に濡れていなければいいけれど」

詩に詳しい方なら、ジョン・メイスフィールドの詩と思われたかもしれないが、残念ながらコメディアンのスパイク・ミリガンによるパロディだ。この詩を頭の中で唱えると、私はどんなに怒っていても、思わず笑ってしまう。そして、笑えば怒りは収まる。

誰かに質問され、その答えがわからないとしよう。そんなときも、口を開く前にまず一〇秒数える。

周りの人はそんなあなたを見て、なんて賢くて思慮深い人なんだと感嘆するだろう。これは、「口を開く前に考える」という教えの変形だ——**ただ一〇秒間黙っているだけで、たくさんの面倒を避けることができる**のだ。

ルール17

自分が変えられることに集中する

人生は短い。これは誰であっても逃れられない事実だ。

私が観察したところ、人生で成功する人というのは、短い人生から、満足感やエネルギーを最後の一滴まで絞り出している。そんなことができるのは、このルールを実践しているからだ。

誰かから助けを求められたら、応えることができるかもしれないし、できないかもしれない。しかし、全世界から助けを求められたら、あなたにできることはほとんどない。そこで自分の力不足を責めるのは本当に無駄なことだ。

私はなにも、世界中の恵まれない人たちのことを考えても無駄だと言っているわけではない。しかし、人には人の役に立てる分野もあれば、役に立てない分野もある。

自分が役に立てる分野を見極め、そこに精力を集中するようにすれば、もっと豊かで満

ち足りた人生を送ることができる。そして、人生が充実するほど、使える時間も影響力も増えるのである。

大統領に直接進言できる立場の人なら、国全体に影響を与えることもできる。軍の大将に信頼されているなら、自分の一言で戦争が回避できるかもしれない。給仕頭と親しい人は、いちばんいい席に案内してもらえるだろう。

つまり、こういうことだ。あなたは誰に顔が利くだろう？　どんな影響力があるだろう？　その影響力を使って、どんな変化を起こすことができるだろう？

たいていの人は、自分に対する影響力しか持っていない。決定的な影響を与えられるのは自分だけだ。私たちが本当の意味で変えることができるのは自分自身だけである。

自分がコントロールできないことに、エネルギーを使う必要はない。しかし**自分自身を変えることなら、努力すれば必ず結果が出る。**

まず自分から始めれば、その影響力はだんだんと周りにも広がっていく。この方法なら、聞く耳を持たない人を相手にお説教をして、時間を無駄にすることはなくなるのだ。

ルール18

自分にとっての最高の基準を決める

仕事をするときは、限界に挑戦するつもりで、最高の力を出さなければならない。親であるなら、最高の親を目指さなければならない。

もしあなたが庭師なら、能力の許すかぎり最高の庭師を目指さなければならない。最高を目指さないなら、いったい何を目指すのだ？　せっかく何かをやるのに、一番ではなく二番を目指す。こんなに悲しいことがあるだろうか。

たしかにかなり難しいルールだ。しかし、あえて難しくしているのである。

このルールの目指すところはきわめてシンプルだ。

たとえば、子育てについて考えてみよう。最高の子育てとはどういうものだろう。もちろん、この質問に正解も間違いもない。完全に主観的な評価だ。あなた自身が考える、最高の子育てが正解になる。

これは他のすべてに当てはまる。**自分にとっての最高とは何か。それを判断するのはあなた自身だ。自分で最高の基準を決めるのだから、成功か失敗かを判断するのも、あなた自身だ。**

自分で自分の基準を決める。これのもっともすばらしい点は、自分を評価できるのは自分しかいないということだ。何が正しくて何が間違っているか、何がよくて何が悪いのかについて、他の人から指図を受ける必要がまったくない。なんという解放感だろう。

「いつでも最高を目指す」というルールをつくり、最高の基準を自分で決めれば、あとは定期的に自分の行動と基準を照らし合わせ、チェックするだけでいい。

基準と言っても、こまかく決める必要はない。たとえば最高の親の条件なら、「いつも子供の身を守る」というようなごくシンプルな基準で十分だ。

ここでのカギは「自分が今何をしているか」を自覚することだ。自分の行動に自覚的になり、自分の行動と基準をいつも照らし合わせるようにする。

あなたの行動を評価するのはあなたしかいない。シンプルで、実現可能な目標を設定しよう。**自分にとっての最高の基準を決め、「今日私は最高を目指しただろうか？」と自分に問いかけよう。**

ルール19

自分は平凡な人間だと自覚する

前のルールで、すべてにおいて最高を目指すと決めた。しかし、もし失敗したら？　人間は必ず失敗する。あなたも例外ではない。実際、**自分は平凡な人間だという自覚はとても大切だ。自分だけが特別だとは思ってはならない。**

もしあなたが、いい加減で、だらしなくて、何事においても「どうでもいいよ」という態度なら、このルールは必要ない。しかし、そこまでの人は、この本を読まないだろう。

私の友人で、銀細工の仕事をしている人がいる。彼の家は散らかりほうだいで、私生活もめちゃくちゃだ。しかし、そんな彼も、仕事では一切妥協を許さず、すべての製品を寸分の狂いもなく仕上げている。

この友人の仕事への態度はまったく正しい。すべての製品は完璧に仕上げるべきだ。完璧に仕上がらなかった製品は、そもそも売るべきではない。

だからといって、完璧にできなかった自分を、責めなければならないということはない。たまには完璧にできないことがあると認め、次の作業に取りかかればいいだけだ。

私は完璧に見える人が大の苦手だ。劣等感を刺激され、つらくなる。完璧主義の人の欠点は、周りの人をつらい気持ちにさせてしまうことにもある。

そう、完璧にならなくてもかまわない。**最高を目指し、同時にいつも成功できるわけではないことも自覚している人になろう。**人間は、欠点や弱点があるからこそおもしろい。傷のついた宝石は値段は下がるかもしれないが、本物であることの証明でもある。

このルールは、前のルールと反対のように思えるかもしれないが、本質的には同じことを言っている。何事にも全力で取り組むことは必要だ。

このルールの要点は、最高を目指して努力しているのなら、たまに失敗したとしてもあまり自分を責めてはいけないということだ。

むしろ、完璧でない自分を祝福しよう。欠点や傷もまた、あなたという人間を構成する大切な一部だ。こういう態度でいれば、あなたは一緒にいて楽しい人になれる。それは間違いない。

ルール20

恐れずに大きな夢を見る

「何を当たり前のことを」と、あなたは思うかもしれない。夢を見るなんて簡単なことを、恐れる必要があるのだろうか、と。

しかし、実際は多くの人が、夢を見ることをかなり制限している。

私は長い間、カジノ業界で働いていた。カジノで遊ぶ多くの人たちの行動パターンはとても興味深い。

いちばんおもしろいのは「ほとんどの人が負けの限度額は決めないのに、勝ちには限度額を決めている」ということだ。しかし、これでは勝てるわけがない。

なぜそんなことをするのかって？　そんなことは私にもわからない。

私が言いたいのは、多くの人は、ギャンブルで勝ちを制限するように、夢を見るのも制限しているということだ。しかも夢なら、どんなに大きな夢を見ても損をすることなんてまったくない。だから、夢を制限する必要はないはずだ。

どこまでも高く、どこまでも広く、どこまでも大きく、どこまでも贅沢で、どこまでも不可能で、どこまでもクレイジーで、どこまでもヘンテコリンで、どこまでも非現実的に突拍子もない夢を見よう。

ここでたった一つだけ注意がある。これは個人的な体験から得た教訓でもある。**どんな夢を見るかは、注意して選んだほうがいい。なぜなら、夢が本当に実現するかもしれないから**だ。

多くの人が、非現実的な夢には価値がないと考えている。しかし、現実的な夢は、夢とは呼ばない。それは計画だ。計画と夢はまったくの別物だ。私にも計画はある。そしてその計画を実現するために、具体的で理にかなったステップも決めている。

夢を見るときは、実現できる可能性なんて考えなくていい。むしろ実現できないくらい大きくないと、本当の夢とは呼べない。

大成功を収めた人たちの中には、あえて大きな夢を見た人たちがいることはたしかだ。「夢を追い続ければ必ず実現する」とは言わないが、実現することはたしかにあるのだ。

ルール21

飛び込む前に、水の深さを確かめる

私は昔からずっと危ない橋をわたるタイプだ。無茶ばかりしていると言う人もいるが、長い目で見れば、後悔していることは一つもない。

しかし短期的には、自分のバカさ加減にあきれ、「こうなるのはわかりきっていただろう！」と自分に叫びたくなることは何度もあった。

私は、リスクを取らない人生が嫌なのだ。どこへも行かず、変化も成長もせず、何もせず、夢もかなえない。そういう人にはなりたくないと、ずっと思っていた。

しかし、長い間多くの人を観察するうちに、あることに気がついた。**幸せな人生を送っている人は、たしかにリスクを取る。ただ、やみくもに挑戦するのではなく、つねに先を見通している。**つまり飛び込む前に、しっかりと水の深さを確認しているのである。

長い時間がかかったが、私にもようやく理解できた。リスクを取るときは、水の深さを確かめなければならない。それを実践できるようになると、前よりも人生がよくなった。不必要な苦労をせずに、欲しいものが手に入るようになったからだ。

昔の私はバカだった。友人から「水の中は気持ちいいぞ！」と声をかけられたら、ベンチャーの起ち上げでも、休暇旅行でも、ギャンブルでも、すぐに飛び込んでいた。飛び込んでみると、気持ちいいはずの水が、冷たかったり、泥水だったりすることが多かった。だいたい水に飛び込むと、間違いなく身体中ずぶ濡れになるのだ。友人から助けを求められ、よく考えもせずに同意してしまったこともある。それが人情というものだ。しかし、貸したお金が返ってこないと、家族の生活が脅かされてしまう。

水に飛び込むときは、まず水の深さを確かめる。友人と一緒でも、自分一人でも同じことだ。

もしかしたら、水は本当に気持ちいいかもしれない。そう思っても、**まず水際まで降りていって、つま先を浸してみたり、少しバシャバシャやってみたりすることが肝心だ。**そうすれば、これから飛び込むものの正体が少しはわかるのだから。

ルール22

「過去は変えられない」ことを受け入れる

人は誰でも、間違った決断や行動で、周りの人に迷惑をかけたり、嫌な思いをさせることがある。大切にするべき人を、傷つけてしまうこともある。

しかし、すんだことはもうどうしようもない。あなたにできるのは、もう同じ間違いはくり返さないと誓いを立てることだけだ。**失敗を認め、もう同じことをくり返さないために力のかぎり努力する、それが最善の選択だ。**

過去をいつまでも後悔している人は、まず「過去は変えられない」という事実を受け入れなければならない。

過去の栄光を忘れることができない人もいるだろう。もちろん思い出を大切にするのはかまわないが、今日、別のいい思い出をつくることのほうがずっと大切だ。

それでも昔のほうがよかったと思ってしまう理由はなんだろう。お金、健康、愛する人、若さなど、今の自分にはないものが、過去のあなたにはあったのかもしれない。なくしたものが確認できたら、もうそれは過去に置いてこよう。過去に持っていたものとは違う、新しい挑戦と刺激を求めなければならない。

新しい挑戦には努力と熱意が必要だから、まずは自分をその気にさせることから始める必要がある。これは運動の習慣と似ている。取りかかるのはたいへんだが、とりあえずやってみれば、いつの間にか気分はよくなっている。

最初は疲れるかもしれないが、それでもやめてしまわないで続けていけば、いつの間にかつらくなくなっているのに気づく。ジョギングでも、水泳でも、続けていると、ある日、努力を意識することなく楽々とこなせるようになっている自分に気がつく。

過去というのは、昔住んでいた家のようなものだ。一時期をそこですごしたが、今はもう住んでいない。たまに訪ねることはできるが、そこは、もう帰るべき家ではない。

「今」と「ここ」がいちばん大切なあなたの家だ。後ろばかり振り返っていると、今起こっているすばらしい経験を逃してしまう。未来の自分も今の自分を振り返り、なぜあのとき時間を無駄にしてしまったのだろうと思うはずだ。

ルール23

人生を未来に先送りしない

いちばん大切なのは、「今」と「ここ」じゃなくて、未来なのでは？　ルール22を読み終わったあなたの疑問の声が聞こえるようだ。

もっと幸せになるのも、金持ちになるのも、美しくなるのも、有名になるのも、恋をするのも、今の最低の恋人と別れるのも、たくさん友だちができるのも、最高級のワインに囲まれて暮らすのも、みんな未来のことじゃないか……？

そうかもしれない。それがあなたの計画か夢なのだろう。

夢も未来の計画もたしかに大切だ。しかし、**もっといい未来を夢見ているのは「今の自分だ」ということを意識しなければならない。夢や憧れを「今」「ここ」で楽しもう。**生きていることを楽しみ、自分に夢を見るだけの活力があることを楽しもう。

「今を生きる」とは、自分が生きていることに感謝し、今日という日が重大な意味を持つように振る舞うことだ。それが「今」と「ここ」を最大限に生きることにつながる。

人間の欲望は、本当にきりがない。「ダイエットしてスタイルがよくなりたい」という夢がかなうと、次に「もっと優しいパートナーが欲しい」という願望が生まれる。その間、幸せはずっと先送りされる。あなたの幸せはずっと未来に存在することとなる。


ポイントは、**今あるものを大切にしながら、その上で未来の計画を立てる**ことだ。

「あなたは今の問題がないからそんなことが言えるんだ」と思う読者もいるかもしれないが、それは大きな間違いだ。私は今のままでは太りすぎだし、欲しいものもたくさんある。

しかし私は、今の自分を大切にし、今持っているものに感謝している。なぜなら、それは、みな現実に存在するからだ。それが「今」と「ここ」がすばらしい理由だ。


夢に見る未来の自分は、もしかしたら実現しないかもしれない。つまり、私は減量できないかもしれないし、欲しいものは手に入らないってことかって？　たしかにそうだ。

今持っているものたちは、少なくとも現実に存在し、手で触ることができる。未来の夢の世界も悪くはないが、手に触れられる現実はもっとすばらしい。

ルール24

人生のスピードに乗る

私は以前、八四歳の男性に「年を取ると時間の流れがゆっくりになりますか？」と質問したことがある。彼の答えを要約すると「そんなことあるわけないだろ」だった。年を取ると、むしろ時間の流れはさらに速くなる。私はときどき、これは離陸、つまりあの世に旅立つために助走スピードを上げているのではないかと思うことがある。しかし、実りの大きい人生を望むなら、このスピードに乗るしかない。

それでは、どうやって人生のスピードに乗ればいいのだろうか。もっとも簡単で確実な方法は、**仕事を片づけるときと同じ。目標を決め、計画を立て、取るべき行動を決める。あとはただ実行あるのみ**だ。

あなたがプロジェクト・マネジャーとして、展示会の企画を任されたとしよう。まず決めるのは、展示会の達成目標だ。たとえば「製品を一〇〇個売る」「サンプルを千人に配る」「新規顧客を二〇人開拓する」などといった目標を決めると、それがすべての判断基準になる。あとは取るべき行動を洗い出し、計画を立て、実行するだけだ。

人生もプロジェクトだ。展示会とはスケールも重要度も桁違いだが、それでもプロジェクトであることに変わりはない。もちろん、あなたの人生のほうが大きなプロジェクトだ。

「自分はどこに向かっているか」「何を達成したいのか」それがわかっていないと、同じような一日を永遠にくり返すことになる。

以前の私は「どんな結果でも、それがいい結果なんだ」という考え方をしていた。冒険好きな運命論者で、目標も計画もなく、とにかく前に進み、どんなアクシデントも喜んで受けて立つ覚悟だった。

しかし年齢を重ねるほど、目標の大切さを痛感している。人生を最大限に生きたいなら、頭を使うことが必要だ。考えなしに生きていると、毎日がわけもわからないうちにすぎていってしまう。

あてもなくさまようのではなく、目標を決め、そこに向かって努力する——そうしたほうが、人生でいいことが起こる確率は格段に高くなる。

ルール25
ブレない生き方を目指す

本書のルールは、多くの人を観察した結果から生まれている。その上で、客観的に効果のあるルールを選んでいる。ただ私の好みで集めたわけではない。

私自身「今までにルールを一度も破ったことがない」と豪語するつもりはない。しかし、できるだけルールに忠実に行動することを目指してきた。そのおかげで年齢を重ねるほど、失敗することが少なくなった。

「完璧を目指さない」というルールもあるが、基本的には、人は「首尾一貫したブレない生き方」を目指すべきだ。**せっかく進む道を決めても、その道を歩かずにふらふらとさまよっているのなら、道を決める意味などない。**

この点では、私の子供たちが大きな助けになってくれた。もし子供がいなかったら、自分の主張がブレていたり、矛盾していることに気づくのは難しかったかもしれない。

子供と討論すると（もちろんこれは婉曲表現だ）、自分の主張に矛盾があることをさんざん指摘される。

たとえば、クラスメートの悪口を言った子供を叱ると、昨夜私が妻との会話で、同僚について愚痴を言っていたことを指摘される。

ここで私は、悪口と愚痴の違いについてよくよく考えることになる。そして、悪口はよくないが、愚痴はたまには必要なことだと結論を出した。自分の中で、ブレない基準を確認できたら、それを子供にもきちんと伝えればいい。

ブレない生き方には、もう一つメリットがある。それは周りの人が、ずいぶんと生きやすくなることだ。

気まぐれな人、一貫性のない人は、周りの人を疲れさせる。昨日と今日で反応がまったく違うのなら、友人や家族はいつもハラハラしていなければならない。

あなたの接し方次第で、他の人たちが豊かで明るく楽しい人生を送ることもできるし、反対にいつもビクビクして疲れきった暗い人生を送るはめにもなる。

安定して一貫した態度で他の人たちに接するか、気分次第で態度を変える人生か、あなたはどちらを選ぶべきだろうか。

ルール26
今日を「特別な一日」と考えて服を選ぶ

「新しいパンツをはきなさい。いつバスに轢かれるかわからないのだから」

子供のころ、よく母親に言われたものだ。そう言われると、私は自分が救急車で病院に連れていかれる場面を想像した。お医者さんたちは、血まみれの私のズボンを切り裂き、思わずぎょっとするのである。

「この子は昨日と同じパンツをはいているぞ。さっさとつまみ出せ！」

人生のルールは、「毎日を意識的に生きる」ためのものである。私の観察によると、**うまくいっている人の共通点は、意識的に行動していることだ。意識的に選択し、意識的に決断している。自分が何をしているか、どこに向かっているかをよく意識している。**

刺激的で、豊かな人生を送りたいなら、あなたもまた、何事も意識的に行う人にならなければならない。このルールも、そのためにある。服装を意識的に選べば、「今日は大切な日」だと自覚し、その日一日意識的な人として行動できるようになる。

朝起きてシャワーを浴び、髪をとかし、歯を磨いたら、大切な一日にふさわしい服を選ぼう。清潔で、おしゃれで、洗練されている服を選ばなければならない。就職の面接か、初めてのデートに行くつもりで選ぶといい。

特別な服を身につければ、その日は特別な一日になる。それに、**きちんとした服装をすれば、きちんとした対応をしてもらえる。相手の態度が変わると、あなたも気分がよくなる。これは上昇スパイラルだ。**

すべてのルールに言えることだが、ルールは必ず試してみて効果を確認してもらいたい。二週間実践しても、前とまったく変わらないというのなら、このルールのことは忘れて前の服装に戻ってかまわない。

しかし、多くの方に効果があることは私が保証する。きちんとした服装をすれば気分は高まり、自分に自信がつき、毎日を生き生きと楽しくすごすことができる。

「意識的に生きる」という態度を身につければ、意識的にだらしない格好をするのが、とても難しいということもわかるはずだ。

ルール27

毎日、自分だけの時間をつくる

このルールはとてもシンプルだ。

ただ**毎日、純粋に自分のための時間をつくろう。理想的には三〇分だ。でも、毎日一〇分でもいい。**その時間は自分のためだけに使う。あなた自身をリフレッシュさせ、元気をチャージする時間にするのだ。

「毎日三〇分くらいなら、自分だけの時間はあるよ」

あなたはそう思ったかもしれないが、おそらくそれは勘違いだ。

あなたはその時間に何をしているだろうか。ひとりでいても、頭の中では誰か他の人のことを考えているのではないだろうか。もしそうなら「ひとりの時間」ではあるけれど、「自分だけの時間」とは言えない。

では、どうすれば「ひとりの時間」を「自分だけの時間」にすることができるだろうか？

答えは「何もしない」だ。本当に一切何もしない。ただ呼吸をするだけ。

私の場合は、庭に出て椅子に座り、一〇分間ただ呼吸だけをする。これで気分はリフレッシュし活力がみなぎってくる。その時間は、**何も考えず、何もせず、何も心配せず、ただ座っている。ただ生きている喜びをかみしめて、そこに座っている。**

「時間がもったいない」とばかりに、この時間で何かをしてしまうと、大切な何かが失われてしまう。音楽を聴けば、音楽鑑賞の時間だ。誰かとおしゃべりをするなら、社交の時間だ。「自分だけの時間」には、とにかく何もせず、何も考えない。


私がこれを発見したのはまだ十代のころだ。悩みと不安でいっぱいだった私にとって、「自分だけの時間」は、心が解放される貴重な時間だった。

母はそんな私を見て、よく「何をしているの」と言ったものだ。そう尋ねられると、私としては「何もしてないよ」と答えるしかない。そう言ったときの母の返事は今も私のお気に入りだ。

「あなたほど考えていない子もいないわよ」

あなたなら、この言葉にどんな返事をするだろう。

ルール28

人生の地図をつくる

人生には計画が絶対に必要だ。

計画とは、人生の地図である。人生の地図は、人生という旅の力強い味方となる。

海賊が残した宝の地図が、必ずしも本当の場所を教えてくれているわけではないように、人生の地図も一〇〇パーセント正確ではないかもしれない。それでも、でたらめに地面を掘るよりも、実際に宝を手に入れる確率はずっと高くなる。

そもそも**宝の地図がなければ、人はシャベルがあっても、でたらめに地面を掘ることさえしない**ものだ。

同じように、人生でも地図がないと、人はただ何かが起こるのを待つだけになってしまう。いや、ほとんどの場合は、何かが起こるのを待つことさえせず、ただぼんやりと生きることになる。そして、何かが起こるたびにビックリする。

地図のない人生を送っていると「人生とはコントロールできないものだ」という感覚を

ますます強める結果となってしまうのだ。

人生の地図をつくる第一歩は「自分は何をやりたいのか」つまり目的地をはっきりさせることだ。次に、目的地までの道のりを計画する。これで、この計画は夢ではなくなる。

計画と夢の違いは「具体的にどうすればそこにいけるのか」が見えているかどうかにある。

一度計画をつくったら、必ず計画通りに行動しなければいけないというわけではない。計画は絶対ではない。つねに見直して、練り直し、変更する。状況は変わり、あなた自身も変わり、そして計画も変わる。

計画は迷ったときに頼りになる地図であり、人生のガイドである。地図には、目的地とそこへの方向、ルート、戦略が示される。同じように、これからどこに向かうのか、何をするのか、いつまでにどの場所に到着するべきかを、計画が教えてくれる。

人は忙しくなると、人生の目的を忘れてしまいがちになる。そんなときでも計画さえあれば、一息ついたときに、「何をしていたんだっけ？　ああ、そうだ。私はあそこに向かっていたんだ」と、進むべき方向を思い出すことができる。あなたは軌道修正し、また目標に向かって進んでいけるのである。

ルール29

笑えるところを探す

人生がたいへんな時期であるほど、人はどうでもいいことに真剣になってしまうものだ。周りが見えなくなっているから、ささいなことで落ち込んだり、小さな問題にこだわりすぎて、人生の大切な時間を浪費してしまう。

小さな問題は忘れてしまおう。そのために、いちばん効果を発揮するのがユーモアだ。

人間は、ささいなことで思い詰めてしまうものだ。

忙しい朝、ふと隣の家のガレージを見て「お隣の車はピカピカだ。うちはもう二週間も洗車をしていない。うちがだらしないみたいだ」などと考え込みそうになる。

同じようなことが自分もあると思った人は、そんな自分を笑い飛ばす必要がある。自分自身を笑うことができれば、二つの大きな効果があるからだ。

第一に、笑うことで緊張がほぐれ、物事を客観的に眺められるようになる。

第二に、笑うことは脳や身体にいい影響を与える。

笑うと、脳内ではエンドルフィンという物質が分泌される。エンドルフィンは、気分をよくするだけでなく、冷静に物事を見られるようにしてくれる効果もある。

このルールは「ダジャレを連発するような人になれ」という意味ではない。**何が起こっても、そこに笑える部分を見つけられる人になるということだ。どんなことであっても、笑える部分は必ずある。**

私は以前、ひどい交通事故にあったことがある。病院で意識が戻ると、体中がひどく痛み、思わず本には書けない単語を二つばかり使ってしまった。ベッドのカーテンを開けると、部屋には教会のシスターが座っていらした。私は驚いて、汚い言葉を使ったことを謝った。シスターは厳かな顔で私をじっと見つめると、ウィンクして静かな声で言った。

「いいんですよ。私はもっとひどい言葉を使ったことがありますから」

これぞユーモアだ。シスターが私のような汚い言葉を使うはずがないが、自分をネタに笑い飛ばして、その場の気まずさを救ってくれたのだ。

よく観察すれば、ばからしくて笑ってしまう部分は必ず見つかる。いつでも物事の笑える面を探すことを習慣にしよう。笑いは、ストレスと不安を解消する特効薬だ。

ルール30

「いつも正しいことをする」と決める

あなたの行動は、あなたの周りの人に影響を与える。その影響は回り回って、あなた自身に返ってくる。これが因果応報という現象だ。よい行動にはよい報いがあり、悪い行動には悪い報いがある。

因果応報という視点から見ると、**あなたのすべての行動は、ベッドメークのようなものだと言える。どんな行動をしたとしても、あなたは必ずそこで寝ることになる**からだ。

自分勝手に他人を操ろうとする人は、その仕打ちがいつか自分に返ってくる。優しくて思いやりのある人は、その優しさが自分にも返ってくる。

因果応報という現象はたしかに存在する。私はスピリチュアルな話をしているのではない。あくまで現実的な話をしている。死後の世界の話をしているのでもなく、これまで現実を観察してきた結果を正直に言っているだけだ。

世間的な成功者の中にも、悪人はたしかにいる。しかし、彼らは、夜ぐっすりと眠ることはできない。どんなに成功しているように見えても、心の中は恐怖でいっぱいだ。

このルールは、よく言われる「人はその人が食べたものでできている」という言葉とも共通するところが多い。

傲慢で人を利用することを考えているような人は、その顔にも、怒りと不安の線が深く刻まれ、表情は暗く曇っていく。そうやって顔に刻まれたしわは、美容クリームでは消えてくれない。その人の行いは、顔に刻まれる。顔を見れば、その人の人となりがわかる。

結局、人は自分で種を蒔いたものを、自分で刈り取ることになる。だから、最初から自分の行動基準をはっきりさせたほうがいい。

その行動基準とは「正しいことをする」ということだ。例外なく、いつも正しいことをする。何が正しいかは、あなたにもわかっているはずだ。

いつも正しいベッドメークをしていれば、夜は、心穏やかにぐっすり眠ることができる。

ルール31

一〇〇パーセントの努力を続ける

ある広告業界人がこんなことを言っていた。

「広告の半分は無駄になる。しかし、どの半分が無駄になったのかは絶対わからない」

この言葉の真意は、どの広告が無駄になるかわからないのなら、半分は無駄になると自覚しながら、今までと同じ広告費を使い続けるしかない、ということだ。

人生もそれに似ている。ときに、人生は不公平で理不尽だ。どんなに努力しても、まったく見返りがないことがある。自分は礼儀正しくしているのに、失礼な態度ばかり取られたり、周りがみな楽をしているのに、自分だけが苦労を強いられたりする。

しかし、それでも一〇〇パーセントの努力を続けなければならない。どの五〇パーセントが実になる努力かわからないのだから、続けるしかないのだ。**努力はいずれ報われる。**

しかし、どの努力がどの結果に結びついたのかは、永遠にわからない。

だから、がんばり続けなければならない。一回や二回の挫折であきらめてはいけない。どの挫折が本当に「やめろ」というお告げかなんて、わからないのだ。

人生で最初に出会ったカエルが、魔法でカエルに姿を変えられていたお姫様だった――などということはありえない。**お姫様のカエルに出会うには、何匹もの本物のカエルに出会う必要がある。**真珠を見つけるまで、いくつもの貝を開けてみなければならないように。

目先の見返りにこだわる心を捨てれば、迷うことはない。ときには結果が出なくてもかまわない。ただそれをすることが楽しいからという理由で、何かをすればいいのだ。

私はミニチュアの水彩画を描くのが好きだ。小さな紙の中に風景を描くのである。私の作品を見た人から、個展を開いたり、作品を売ることを提案されたこともある。

実際にそうしてみると、結果は大失敗で、意気消沈してしばらく描くことをやめてしまっていた。しかし、また描き始めてみると、私は気がついた。これは私にとって純粋に個人的な楽しみなのだ。だからもう個展も開かないし、売らなくてもかまわない。これは私の人生における〝非営利活動〟だ。絵を描いていると、とても心が豊かになる。

私の作品を見たいって？　いや、ダメだ。申し訳ないが絵は見せられない。

ルール32

毎日、少しだけ勇気のいることをする

毎日、少しだけ勇気を出すようにしよう。なぜかって？　勇気のいらない生活を続けると、人生が停滞するからだ。

人は誰でも、自分なりの〝快適空間〟というものがある。その中にいれば安心できる範囲のことだ。問題は、**快適空間に執着すると、その空間はどんどん小さくなる**ことにある。

何か突発的な出来事で快適空間が破壊されることもある。運命というのは、人が現状に満足するのを嫌う性質があるようだ。だから、快適空間で安心している人を見つけると、運命が一発大きな蹴りを入れてくれるのかもしれない。

普段から快適空間を広げる努力をしていれば、〝運命の蹴り〟の衝撃にも耐えられる。未知の衝撃に慣れているから、それほど驚かずにすむからだ。

だから、ときには快適空間を出て、チャレンジしなければならない。怖い思いをして、刺激を受けるのだ。それが、若さと健全な自尊心を保つたった一つの方法でもある。

快適空間から出るメリットはそれだけではない。**快適空間を広げると、自分自身を好きになれる効果がある。未知のものに挑戦することで、自信を深めることができるからだ。**

この努力のいちばんいい点は、少しずつできるということだ。

快適空間を広げるために、いきなり突拍子もないことをする必要はない。ハンググライダーに乗る必要はないし、火の上を歩く必要もない。

たとえば「初めてボランティア活動に参加する」といったことで十分だ。新しいスポーツや趣味を始めるのでもいい。いつもなら黙っている場面で、あえて自分の意見をはっきり主張してみるのでもいい。

人間は、自分で自分の頭を抑えつけ、せっかくの可能性の芽を潰してしまっている。できないと思い込み、楽しくないと思い込んでいる。

快適空間を飛び出して新しいことに挑戦すれば、自分の殻を破り、新しいことを学んで成長できる。動きまわって新鮮な空気を浴びていれば、カビが生えるわけはない。

ルール33

自分自身に質問する

世界の問題の多くは、勝手な思い込みが原因となっている。

思い込みとは、実際は知らないのに知っていると考えている状態だ。そんな状態で、問題を解決しようとするから、事態はますます悪いほうへ向かうことになる。

思い込みに気づく、もっとも簡単で確実な方法は「質問をする」ことだ。

質問された人は、状況を把握して、論理的な結論を出さなければならなくなる。つまり、**質問に答えるために、自分の考えを論理的に検証する必要が生まれる**のだ。

私が尊敬するある賢人が、かつてこんなことを言っていた。

「他人の信念、行動、欲求を正しく理解するほど、正しい反応ができるようになる」

トラブルに巻き込まれたときも、**いきなり相手と戦うのではなく、まずは質問をすると**

いい。危機のときこそ結論に飛びつく前に、事実をきちんと集めなければならない。それなくしては論理的で正しい判断はできない。それに、相手が答える間に、一息ついて冷静に策を練る時間もできる。

質問は自分自身に対してもしなければならない。

なぜ自分が正しいと思うのか（または間違っていると思うのか）？

なぜこれをするのか？　なぜあれが欲しいのか？

なぜそのような行動を取るのか？

自分に質問するときは、とことん厳しく追求しよう。よい質問は人生をよくするために欠かせないが、あなたに対して本当に厳しい質問をできる人物は、あなた自身しかいないかもしれないからだ。

質問のコツを身につけるには長い時間が必要だ。いろいろ失敗もするかもしれない。しかし、質問力を高める努力には十分な価値がある。

ルール34

時と場所を選んで、感情を表に出す

怒りや驚きで、感情的になることは避けたいものだが、一切感情的になってはいけないかというと、そんなことはない。正当な理由がある怒り、愛する人を失った悲しみ、心の底からの喜び、そんな感情なら表に出してもいい。人間なのだから、自然なことだ。

何か突然の出来事に、感情的になってしまったとしても、自分を恥じる必要はない。**心に強い衝撃を受けたときも、その感情は表に出すべきだ。表に出すことではじめて、感情は整理できる。**そうすれば、また前に向かって進むこともできる。

特にトラウマになるような体験をしたときや、人生の分岐点となるような難しい時期には、感情にふたをするのはよくない。

感情を押し殺すほうがむしろ問題だ。ときに感情を表に出すのは悪いことではない。正しいときに、適切な形ですればいいだけだ。

怒りによって、自分の立場を主張したり、相手の言動で自分が傷ついたことを伝えるべきときもある。そんなときは、怒りを表に出しながらも、自制心を保つこと。怒りに任せて暴走して、あとで後悔するようなことがないように気をつければいい。

ポイントは、**ここぞというときを選ぶことだ。本当に怒るべきときにだけ怒るのである。関係ない人に八つ当たりするのは絶対に慎むこと。**

怒りを適切に表現することができないのなら、他の人に迷惑をかけずに発散する方法を見つけなければならない。怒りを発散することは大切だ。怒りを貯めこんでいると、いつか何らかの形で爆発することになる。

一方的に抑制してはいけない感情は怒りだけではない。恐怖、不安、大きな喜びなど、あらゆる感情をきちんと表に出すことが大切だ。

正しい時と場所を選んで感情は表に出そう。感情に身を任せながら、同時に自分自身をコントロールすることはできる。

人間なのだから、不適切な形で感情を表に出してしまうこともあるかもしれない。ときにはそれも仕方がない。必ず後悔することになるだろうが、後悔も立派な感情だ。

ルール35

昔ながらの価値観を大切にする

「われわれは誓いを守った！
この丘を勇んで降りていこう。
薔薇の冠をかぶり、暗闇の中に向かって！」

これはルパート・ブルックの「丘」という詩の一節だ。私の解釈では、これは二人の恋人、または友人同士の友情の詩だと思う。いつでも互いの助けとなると誓い、薔薇の冠をかぶって、誇り高く胸をはり、暗闇の中でも勇ましく進んでいこうとしている。

この詩の背景にあるのは、**誓いを守ること、相手を信頼し支えること、誇りと誠実さ、物事を最後までやりとげること、言行一致――こうした価値観だ。古い価値観だが、その価値は現在でも衰えることはない。**

むしろ現代のような時代だからこそ、こうした価値観を持つ人物は、立派な価値観を持つ〝いい人〟として尊敬され、厚く信頼されるはずだ。

どうも最近は〝いい人〟に見られることを嫌がる風潮があるようだ。でも、その原因は〝いい人〟の意味の取り違えにあるように思う。

〝いい人〟というのは、善人ぶった押しつけがましい人物のことではない。いくら価値あることでも、他の人に自分と同じことをさせようと押しつけるのは間違っている。

……では本書でルールを教えているのはどういうことかって？　誤解しないでほしい。私はルールを押しつけるつもりはない。情報をどう活用するかは、完全にあなた次第だ。

私は、誓いを守る男でありたいと思う。だからここで一つだけ誓っておきたい。

本書の**ルールの価値は、おそらく二〇年後も変わることはないはずだ。そもそも昔ながらの価値観に沿っているのだから、今さら時代遅れになったりはしない**のだ。

もしかしたら、私はいつも時代遅れなのかもしれないが、ルールについては、私はあなたを失望させないと誓う。誓いの証として、冒頭の詩から別の部分を引用したい。

「誇り高きわれら。われらはなんと勇敢な真実を口にしたことか」

ルール36

理解できないことを受け入れる

今この瞬間にも、世界ではさまざまなことが起きている。

あなたの周りだけでも、本当に多くのことが起きているはずだ。その中には、あなたにはまったく理解できないようなこともあるだろう。

おかしな行動を取る人がいるが、理由はわからない。

景気がいきなり悪化したり、好転したりするが、なぜそうなるのか見当もつかない。

世の中には理解できないことがたくさんだ。そもそも人生がそうだろう。

なぜ私は生まれて、今ここにいるのか？

人は死んだらどうなるのか？

この問いの答えは、永遠にわからないだろう。いつか答えがわかるときがくるかもしれないが、その答えとは、今想像しているような答えとはまったく違うものではないかという思いを、私はどうしてもぬぐいさることはできない。

人生とは巨大なジグソーパズルだ。しかも、自分で組み立てられるのは、隅っこのほんの一部だけだ。**もしもベールが取り払われて、人生というジグソーパズルの全体像が見えたら、その巨大さに度肝を抜かれるはずだ。**

自分が組み立てた一部でさえ、その全体像から見ると、自分が思っていたものとは違う。そのとき目の前に広がるのは、想像していたものとはまったく異なる景色だ。

好奇心を持つことは大切だ。疑問を持ち、誰かに質問するのも必要なことだ。それでも必ずしもはっきりした答えが手に入るわけではないということは、つねに自覚しておかなければならない。

人はときに、理不尽な行動を取る。人生でも予告なしで理不尽なことは起こる。理由が理解できないと騒いでも仕方ない。こだわるのはやめよう。

すべてを知ることをあきらめ、絶対に理解できないものがあるということを受け入れられれば、心の平安が手に入る。夜もぐっすり眠れるようになる。

ルール37

幸せは自分の中から生まれる

たった今、車を手に入れたとしよう。ずっと欲しくてたまらなかった車だ（家、スーツ、パソコン、何でもいい。あなたの欲しいもので想像してみてほしい）。あなたは、嬉しすぎて、天にも昇る心地だ。

ここで、あなたが手に入れた車を製造した人のことを考えてみよう。その人たちは、「天にも昇るような喜び」を製品の中に組み込んだのだろうか。

もちろん、そんなことはない。喜びの感情は、あなたの中から生まれてきたものだ。

今度は、恋に落ちた場面を想像してみよう。気持ちが高揚し、幸せでワクワクする。そして恋する相手に実際に会うと、その感情が爆発する。

恋する相手が幸せな気持ちを運んできてくれるのだ。だから、その人と会っているとき、幸せな気持ちはいちばん大きくなる……これも間違いだ。

幸せな気持ちはすべてあなたの中から生まれている。「好きな人が一緒にいるから、こんな気持ちになれるのだ」と思うかもしれないが、その人がたとえ地球の裏側にいるとしても、あなたは同じくらい幸せを感じることもできるはずだ。

残念なことに、どんなに恋をしても、どんなに欲しいものを手に入れても、その気持ちは永遠には続かない。だから人は、また次の欲しいものを見つけてそれに夢中になったり、別の誰かを好きになったりする。もう一度、あの高揚感を手に入れたいからだ。

しかし、その喜びの感情はすでにあなたの中にある。本当は、新たな買い物をしたり、新しい恋愛対象を見つける必要はないかもしれないのだ。

ただ、申し訳ないが、**あなたの中にある喜びの感覚を呼び起こす方法は、私には教えられない。あなたが自分で見つけるしかない。**

でもヒントだけは教えられる。幸せの感覚を呼び起こす方法は、誰に聞いても、たくさんの本を読んでも、世界を旅してもおそらく見つからない。

それは、今まで探そうとも思わなかった場所にある。そう、それもあなたの心の中で見つかるはずだ。

ルール38

嫌いな部分も丸ごと受け入れる

私はピザが好きだ。ペパロニ、モッツァレラチーズ、トマト、厚切りハム、ピリッと辛いケッパー、オニオン。どれもすばらしい。

問題はオリーブだ。私はオリーブが食べられないのだが、あれは注文もしていないのにピザに乗っていることがある。嘆かわしいかぎりだ。

うちの子供たちも、小さいころは、自分の嫌いなものが一つでも乗っているピザは食べようとしなかった。

「マッシュルームきらーい！」「焼いたトマトなんて気持ち悪い！」

それでも、もしピザが食べたいのなら、オリーブやマッシュルーム、トマトは自分で何とかしなければならない。そうでないと、ピザはまったく食べられない。

もうおわかりだろうが、私が言いたいのは**「人生はピザである」**ということだ。**ピザに**

はいろいろな具が乗っているものだ。だからピザが食べたかったら、嫌いな具も含めて、それがピザなのだと受け入れるしかない。

今の仕事は好きだが、どうしてもがまんできない上司がいる。そんなケースもそうだ。上司も含めたすべてが仕事なのだ。いいとこ取りはできない。

愛するパートナーだが、ときどきケンカ腰になるのだけは許せない、というのなら、それもパートナーだと受け入れる。むしろその欠点のおかげで、その他の点がすばらしく感じられるのだ、と考えるといいだろう。

親の中には、子供にぴったりの学校を探して、何度も転校させる人がいる。もちろん、完璧な学校なんてない。それに子供はどんどん大きくなるから、ずっと転校をくり返すこともできない。

人生は完璧ではない。人生のあらゆることで完璧はありえない。

人生のおいしい部分には、嫌いなオリーブもついてくる。だから文句を言うのはやめよう。つまんでよけてもいいし、がまんして食べてもいい。あとはおいしい部分だけが残っている。丸ごと受け入れて、ゆっくりと大好きなピザを楽しもう。

ルール39

自分を見て喜んでくれる人を大切にする

人は誰でも、自分に会うと喜んでくれる人が必要だ。誰かに喜んでもらえることで、自分の価値を確認し、自信を深めることができる。

私自身も、仕事で一日か二日家を空けて帰ったときに、子供たちが並んで待っているのを見ると、嬉しくてたまらなくなる。かわいらしい手を伸ばして、顔には「パパ、おみやげは？」と書いてある。

「今日、学校はどうだった？」と尋ねて、しかめっ面をされるのも大好きだ。なんて新鮮な反応だろう。子供たちにとっては、私が「自分を見て喜んでくれる存在」だ。

息子の一人はヤモリを飼っていて、ヤモリもいつも喜んでいると主張する。私には、どんなにがんばってもヤモリの顔から感情を読み取ることができないのだが、それでも息子にとってはヤモリが「自分を見て喜んでくれる存在」なのだ。

自分に会うと喜んでくれる人（または動物などの何か）が存在すると、自分が必要とされているということが確認できる。そして、**喜んでくれる存在がいると、自分の心配ばかりするような心理状態を抜け出し、生きる意味を見出すことができる。**

身近にそういう相手が思いつかないなら、ボランティア活動をするといいだろう。誰かに喜んでもらえるという感覚をすぐに味わうことができる。

しかし、**あなたを必要とする存在は、もしかしたらすぐ近くにいて、あなたはまだその相手に気づいていないだけかもしれない。**

ロンドンのような都会で一人暮らしをしていると、隣近所の人とは一切交流しないことが多い。私の友人もそんな一人だった。しかし、ある日ちょっとした偶然から、数軒先に身体の不自由な老人が住んでいることを知り、通りがかりに立ち話を交わすようになった。その後、老人は偶然を装って、友人の仕事帰りの時間を見計らって、玄関まで出てくるようになったのだそうだ。きっと一人暮らしで寂しかったのだろう。だから通りがかった友人とちょっとしたおしゃべりができるのを楽しみにしているのだ。

あなたに会うと喜んでくれる人は誰だろう？

これから見つけることはできるだろうか？

ルール40

あきらめるべきときには静かに立ち去る

人は誰でも、自分の失敗を認めたくないものだ。

一度始めたことを、自分からあきらめたくないし、気に入らない相手に屈服したくはない。自分から終わりにしたら、それは負けを認めることになってしまう。

しかし人生には、思い通りにならないことが多い。自分でやり始めたことでも、やってみて想像以上に高い壁だったとわかることもある。

そんなときには、負けを認めることを学ばなくてはならない。**勝つ見込みのない戦いなら、自分をすり減らさないうちに、あっさりと引き下がって次に向かう**のだ。

恋愛についても同じことが言える。相手の気持ちが離れてしまったら、あっさりと自分から身を引くのがいちばんだ。一度死んだ関係は、まず生き返らない。死体を掘り起こして、脈を確認することに意味はない。だから忘れて、次に進もう。

相手との関係を手放すのは、あなた自身を守るためにもなる。立ち去る前に仕返しをしたくなるだろうが、その気持ちを抑えて、ただ静かに立ち去るのが最善だ。

相手に罪があるとしたら、少なくともあなたは、相手のレベルにまで下がらなかったことになる。それに、静かに立ち去ることが、実はいちばんの仕返しなのだ。

関係や目標を手放し、静かに立ち去る。これができるのは、冷静な判断力と自己コントロール力の証拠でもある。状況に振りまわされず、自分で決断し、自ら状況を変えられる人物でいよう。

あなたの問題は、宇宙の歴史から見ればたいしたことはない。歴史書の脚注にさえも登場しないだろう。もちろん、私の問題もそれは同じだ。**今は「大問題だ」と思っていても、一〇年後に振り返れば、きっと思い出すのにも苦労するはずだ。**

「時間がすべてを解決する」とは言いたくないが、問題との間に距離と時間をおけば、より客観的に眺められるようになるのはたしかだ。

まず、問題から立ち去ることで、問題との間に距離をおくことができる。そしてあとは時間が解決してくれる。

ルール41

復讐の無限ループから身を引く

正直に告白しよう。私は心の広い人間ではない。むしろ誰かからムカつくことをされると、本能的にやり返したくなるタイプの人間だ。

子供のころは、この性格のせいで取っ組み合いのケンカをすることもあった。ケンカはよくないと学んでからも、どうしても気の利いた嫌味を言うような、ちっぽけな復讐に走るのをがまんできなかった。

自分の敷地に生えている木の枝をお隣さんに勝手に切られたら、お隣さんの木を切り倒してしまいたい衝動に駆られるのも無理はない。その木を特別大切にしていたわけではないが、ここで問題なのはそういうことではない。復讐をがまんするのは難しい。

会社で、あなたが思いついたアイデアなのに、いつの間にか同僚のアイデアになっている。これもまた仕返ししたくなる状況だ。その同僚だけにプロジェクトの期限が繰り上げられたことを秘密にしたくなったりするだろう。

しかし、ここでよく考えてもらいたい。人の敷地に生えている木を切ったり、人のアイデアを盗んだりするような人間が、仕返しされて黙っているはずがない。仕返しに、あなたのガレージをブルドーザーで潰すか、あなたを解雇に追いこむだろう。そうなったら、あなたは次にどうすればいいのだろうか。

相手の車を爆破する？　雇用問題専門の弁護士を雇う？

人類の歴史を見れば、復讐の結果がどうなるかは明らかだ。数々の戦争も、すべてそれが原因になっている。相手がお隣さんでも、同僚でも同じことだ。復讐の結果はいつも決まっている。

それでは、終わりのない復讐合戦を終わりにするには、どうすればいいのだろうか。

復讐の無限ループが途切れるのは、当事者のどちらかが大人になって、身を引いたときだけだ。誰かが大人になり、不毛な争いを終わりにしなければならない。

どんなに胸のすくような復讐の方法を思いついたとしても、何もしてはいけないし、何も言ってはいけない。間違いなく、そのほうがいい結果につながる。

大丈夫、私にもできた。あなたなら必ずできるはずだ。

ルール42

体調は自分で管理する

大人になるのはすばらしいことだ。一晩中パーティで大騒ぎしても、嫌いなニンジンを食べなくても、だらだらと一日テレビを観ていても、誰にも怒られない。

そのかわり、大人になったら、**あなたはあなたのボスであり、船長であり、運転手だ。**自分の身は自分で守り、自分の面倒は自分で見るしかない。あなたの代わりになる人は誰もいない。

健康診断で**「定期的に健康状態をチェック」**しているだろうか。問題は早めに見つけて、摘み取ってしまったほうがいい。私は年に一回健康診断を受けている。

「食べ物に気をつける」のも、自分の面倒を見るということだ。

エネルギーがわいてきて、体調もよくなる食べ物もあれば、身体がだるくなって元気がなくなる食べ物もある。何を食べるかは、完全にあなた次第だ。

「あなたの身体」というマシンは、ジャンクフードではなく良質のエネルギーを与えるほど、よく動いてくれることは間違いない。

「睡眠時間の管理」にも同じことが言える。

眠りが足りないと疲労がたまり、眠りすぎると身体がだるくなる。適度な睡眠時間なら、身体も元気だ。私は、二度寝すると頭がはっきりしなくなる。目を覚ましてすぐに動き出すと、頭がシャキッとして自分が偉くなったようにも感じる。最高の気分だ。

もちろんすべてはあなた次第だ。あなたに「耳の後ろまできちんと洗いなさい」とうるさく言ってくれる人はもういない。あなたは、耳の後ろが洗えているかどうかを含めて、すべての責任を負わなければならなくなったのだ。

健康的な食事をして、よく眠り、休息を十分に取り、運動をする。そして、身の危険がありそうな場所には近寄らない。「自分の身を守る」というのは、結局こういうことなのだ。

ルール43

どんな場面でもマナーを守る

『イギリス人観察』という本によると、ちょっとした買い物をするときでも、イギリス人は三回「お願いします」と言い、二回「ありがとう」と言うという。

そう、イギリス人は礼儀正しいのだ。それには何の問題もない。誰でも、毎日たくさんの他人と接しなければならない。そこに礼儀正しさがあれば、物事はスムーズに進む。

あなたは、自分はマナーをきちんと守っていると思っているかもしれない。実は、ほとんどの人がそう思っている。

そう思っていても、急いでいたり、ストレスがたまっていたりすると、マナーはどこかへ飛んでしまう。忙しさにかまけてお礼を言うのを忘れてしまったり、急いでいるのに、前の人がのんびり歩いていると、思わず体をぶつけてすり抜けたくなってしまったり……。

正直に認めれば、誰でも経験していることだろう。

しかし、どんなに急いでいても、どんなにたいへんな思いをしていても、礼儀とマナーを忘れてはいけない。必ず以下のことを守るようにしよう。

- **行列に割り込まない。**
- **ほめるべきときに、きちんとほめる。**
- **テーブルマナーを守る。**
- **人のためにドアを開ける。「お先にどうぞ」と道を譲る。**
- **話しかけられたら、目を見て答える。**
- **あいさつをきちんとする。**
- **何かしてもらったら必ずお礼を言う。**
- **ケーキの最後の一切れに手を出さない。**
- **お客さまには飲み物を出す。帰りには玄関まで見送る。**

マナーには、お金はかからないが、その見返りはかぎりなく大きい。みんながいい気分になり、楽しく人生をすごすことができる。

ルール44
定期的に部屋の物を捨てる

あなたの家はきれいに片づいているだろうか？　それとも散らかっているだろうか？友人に見せられないほど散らかっているなら、すぐにこのルールを実行してもらいたい。家の中が散らかっていると何が問題か？　それは、その人の思考、ひいては人生そのものが散らかっているのと同じことだからだ。**乱雑な家は、散らかった心の象徴**なのだ。

人は誰でもついつい物をためこんでしまうが、ガラクタに囲まれていると頭はうまく働かない。気持ちもガラクタに押し潰されて、沈みがちになってしまう。

詩人でデザイナーのウィリアム・モリスの言葉を借りれば、「家にあっていいのは役に立つものと美しいものだけ」だ。実際、**物を減らして部屋がすっきりすれば、気分がすっきりして、活力がよみがえる**のを感じられるはずだ。

部屋を見れば、成功する人と、いつまでも離陸できず停滞したままの人生を送っている人の違いがよくわかる。うまくいっている人は、持ち物の整理も得意だ。いらないものは迷わず捨てて、周りがいつもすっきり片づいている。

それに対して、持ち物が整理できない人は人生も停滞しがちだ。


バザーで買いあさったのに、袋に入れっぱなしで一度も使っていないもの。戸棚の中はガラクタ、引き出しの中には一度も使っていない文房具。タンスの中の、サイズかデザインの問題で、着なくなった服……。


こうしたものを捨ててしまえば、気持ちは一気に軽くなる。家の中も広くなり、自分が周りの環境をコントロールしている感覚を手に入れることができる。

数少ない高級家具に囲まれ、無駄なものはまったくないモデルルームのような部屋で暮らさなければならないと言っているわけではない。ただ、家の中を見てみれば、人生が停滞している理由がわかるかもしれないということだ。

台所の流しの下や、ベッドの下、タンスの中を見てみよう。そこに物が停滞しているなら、きれいに片づけてみてほしい。あなたの人生の何かが動き出すかもしれない。

ルール45

自分の原点を大切にする

あなたの原点はどこにあるのか？　まずはそれを確認しなければならない。

原点とは、居心地がよく、安心できる場所のことだ。そこにいると愛と信頼に満たされ、素顔の自分に戻ることができる。自分を強く感じ、完全にリラックスできる。

あなたの原点とは、もしかしたら生まれ育った土地かもしれないし、子供のころの気持ちを思い出させてくれる場所かもしれない。

あなたの原点は場所ではなく人かもしれない。人生がシンプルだったころを思い出させてくれる、長年の親友かもしれない。

慌ただしい毎日を送っていると、日々の忙しさに目がくらみ、自分がどこに向かっているのかを忘れてしまいがちだ。人生で何をしたいのか、何を目指していたのかを見失ってしまうのだ。

そんなとき、原点に帰れば、自分の夢と計画をすべて思い出すことができる。そこは、あなたが道に迷う前にいた場所だからだ。

自分の原点なんて忘れてしまいたい。原点から離れて、もっと上を目指したい。そう思う人もいるだろう。

実際、富と名声を手に入れた有名人には、自分の過去を全否定する人がいる。しかし、自分以外の誰かになろうとしても、薄っぺらで偽物くさい人物にしかなれないだろう。

人は誰でも、完全に自分自身になれる場所が必要だ。そこにいれば、自分を説明する必要もないし、見栄をはったり背伸びしたりする必要もない。それが、原点に戻る喜びだ。

原点は、生まれ育った場所である必要はない。自分の過去から見つけることができなければ、今から新しくつくればいい。自分が安心でき、本当に大切なものを思い出すことができる、そんな場所を探そう。**原点にたどり着いたなら、「なぜここに来なかったのだろう」「なぜこんなにも長い間離れていたのだろう」と不思議になるはずだ。その感覚こそ、原点を見つけた証明でもある。**

ルール46

自分の境界線をはっきりさせる

境界線という言葉には、物理的な意味だけでなく、精神的な意味がある。あなたの境界線の内側はあなたのエリアだ。あなたの許しを得ずに、その線を越えて中に入ることはできない。もし**他人が境界線を越えてきたら、あなたは「ノー」と言っていい。**「こんな扱いには耐えられない」と、はっきり言う権利がある。

あなたはまず境界線を決めなければならない。そのためには、許せることと許せないことの区別をはっきりさせる必要がある。

境界線を決めることで、他人の問題は他人の問題だと割り切れるようになる。だから、直接関係のない問題まで自分に責任があるかのように感じたり、必要以上に他人から影響を受けたりすることが少なくなるのだ。他人を怖く思うことも減るはずだ。

境界線がはっきり持てたなら、次のステップは、誰かが踏み込んできたときに、きっぱりとした態度を取ることだ。

多くの人の場合、これを最初に実行すべき相手は家族になるだろう。なぜかというと、人間関係は時間が経つほど、ある決まったパターンが確立してしまうものだからだ。

両親のもとを訪ねると、決まって嫌な気分を感じてしまう、というような人は要注意だ。子供のころの関係を引きずって、両親は大人のあなたの境界線を越えている可能性がある。

もし長年そうだったとしても、いつからでも状況は変えることができる。思っていることを堂々と言おう。もう批判されたくない、叱られたくないとはっきり伝えよう。あなたはもう大人であり、一人の人間として尊重される権利がある。

成功している人は、自分の価値を知っているから、境界線もはっきりしている。だから軽く扱われることがない。弱みにつけこもうとする人、他人を操ろうとする人をきっぱり拒絶できる。だから、依存心が強い人や、他人をおとしめることで自分を大きく見せようとする人を見分けて、距離をおくことができるのだ。

あなたも自分の境界線を確立すれば、境界線の中で自分を守るのが簡単になる。そして、あなたは強くなる。確固とした自分を持ち、健全な自己主張のできる人になるのだ。

ルール47

買い物は値段ではなく質で決める

たぶん世の男性の多くも同じだと思うのだが、私にとって「安いから買う」のは自然なことだった。いちばん安いものを選ぶと、節約した自分に満足できる。

こうした買い物の問題点は、買ったものに不安が残ることだ。すぐに壊れたり、くたびれた感じになったりする。たしかに、私は質で選ぶ買い物をする必要があった。

質で選ぶ買い物の基本は以下の通りだ。

・いつも最高のものを選ぶ――二番目で満足してはいけない。
・手が届かないなら買わない。お金が貯まるまで待つ。
・どうしても必要なら、買える範囲で最高のものを選ぶ。

これだけだ。書いてみれば簡単そうだが、私にとっては簡単どころではなかった。この買い物の基本を自分のものにするまでにかなりの時間がかかってしまった。

私にだって、いいものを見分ける目はあると思うのだが、問題はこの衝動的な性格だ。何かが欲しくなると、すぐ手に入れないと気がすまない。そして最高のものには手が届かないとなると、安いほうを選んでしまうのである。

イギリス人らしいと言えばたしかにそうなのだ。イギリス人は、高い買い物を自慢するのは品がないと思っている。「俗物より安物買いのほうが上品」だというわけだ。

しかし、このイギリス人的買い物は間違っている。目指すべきは、よいものを見分ける目を持ち、つくりが丁寧でしっかりした品物を買う消費者になることだ。

質のいいものは、丈夫で長持ちし壊れにくい。だから、長い目で見れば節約にもなる。さらに見た目もいいし、自分も気分がいいのだから、どうすべきなのかは明らかだ。

値段だけで選ぶのではなく、**本当に自分が求める質を備えているかを重視するようになってから、買い物がもっと楽しくなった。**

今でもバーゲンは大好きだが、今の私はただ安さだけを求めているのではない。質のいいものをなるべく安く買おうと努力しているだけである。

ルール48

不安になったら具体的解決策を考える

誰にでも不安はある。健康のこと、両親や子供のこと、友人のこと、人間関係や仕事、お金について……。

誰にでも未来はわからないから、心配はきりがない。年を取ること、太って体型が崩れること、体力が落ちること、貧しくなること、魅力がなくなること、頭の働きが鈍くなること……。あらゆることが不安になる。

大きな不安もあれば、小さな不安もある。不安がないのが不安になることもある。

たいていの不安は、段階を踏んで必要な行動を取れば解決できる。心配事があるなら、自分に何ができるかを考えてみよう。

不安を解決するために、具体的にできることはあるだろうか。心配事があるなら、必要なのは、次の三つの行動だ。

1　具体的なアドバイスを求める。
2　情報を集める。
3　建設的に行動する。

病気が心配なら、病院へ行こう。お金が心配なら、予算を決めてお金を使おう。体重が心配ならジムに通い、食べる量を減らそう。年を取ることが心配なら……、これは心配しても仕方ないと悟るしかない。

心配してもしなくても、年は必ず取る。無駄な心配は、ただ顔のしわを増やすだけのことだ。いたずらな不安はさらに人を老けさせる。

不安な気持ちの裏側には「何もしたくない」という気持ちが隠れている。具体的な行動を起こすより、ずっと心配しているほうが簡単だからだ。

しかし、解決に向けて具体的に動かなければ、いつまでたっても心配から解放されることもない。ダラダラと心配だけしているのは人生の大いなる無駄遣いだ。

ルール49

精神的な若さを保つ

かがんで何かを拾うときに、思わず「どっこいしょ」と言ってしまう。
「それではお茶を一杯いただきましょうかね」が決まり文句になる。
「休暇は毎年同じ場所です。そのほうが落ち着くから」という態度になる……。

人はいつの間にか、年寄りっぽい言葉や動きを身につけてしまうものだ。このルールでは外見上の若さではなく、頭も心も若くあり続けること、つまり精神の若さを保つことを重視している。

知り合いの六〇代の女性は、気持ちは二一歳のときとまったく変わっていないと言っているが、彼女の内面の若さは外見にも現れている。内面は見た目にも現れる。だから、内面の若さを保つことのほうが大切なのだ。

内面の若さとは、次のような心の持ち方から生まれる。

- **新しいことに挑戦する**——初めての場所を訪れ、目新しい食べ物に挑戦する。
- **年寄りくさい発言をしない**——不平や愚痴が多い人は要注意だ。
- **自分が成長できるほう、おもしろいほうを選ぶ**——安心安全を基準にしない。
- **最新の動向に興味を持つ**——新しいファッションやトレンド情報に触れるようにする。

内面の若さとは、何でも受け入れるオープンな心を持つことだ。保守的になってはいけない。このあたりは私も自戒せねばならないと思っている。

「いつもと同じ」で満足せず、世界を新鮮な視点で眺めよう。幅広く興味を持ち、刺激を受け、モチベーションを高め、冒険を楽しもう。これが若さを保つということだ。

若い読者の方には、こんな話をして申し訳ない。しかし、このルールが必要になる日は遠くはない。心の片隅に留めておいて損はないはずだ。

ルール50
お金に頼らない解決策を探す

もうずいぶん昔の話になるが、当時私がいた会社では、何か問題が起こるたびに、上司はいつもため息をついてこう言っていた。

「仕方がない。『アメリカ式の解決策』を試してみるか」

アメリカ式の解決策とは、とにかく問題が消えるまでお金を注ぎ込むという方法だ。実際、お金をかけるという方法は、ビジネスではかなり有効だった。魔法のように問題が解決することもよくあった。

しかし、**お金をかける解決策は個人生活ではあまり有効ではない。**

その理由について、ここでまた年を取ることを例に考えてみよう。お金をかけて解決する方法はあるだろうか。整形手術？　アンチエイジングの治療？

こうした方法では根本的には問題を解決できない。ただ表面的な老いを遅らせるだけだ。

あとになってさらに大きな問題につながる可能性もある。

健康的な生活を心がけた上で、年を取ることに対する考え方を変え、老いを受け入れるほうが、手術や薬で表面的にごまかすよりもずっといい。


身近な誰かが落ち込んでいるときはどうだろう。

お金をかけて、気持ちが引き立つような贈り物をしたり豪華な食事に招待すれば、そのときは元気になるかもしれない。しかし、その人を散歩に誘って話をじっくり聞いてあげることのほうが、もっといい解決策ではないだろうか。


私の祖父母は物を大切にする人たちだった。何でも壊れるまで使い、まだ使えるものを捨てることはなかった。そして何か問題が起こると、辛抱強く原因を探り、問題を解決する方法を考えた。夫婦の問題でも、時計やヤカンが壊れたときも同じだった。

私たちはつい、お金をかける解決策に頼ってしまいがちだ。しかし、**ときにはじっくり時間をかけるという昔ながらの方法に頼っていいことを思い出したほうがいい。**

人生の問題は、きめこまやかな対応が必要だ。お金のかわりに、じっくりと時間をかけて、気持ちを込めて注意深く取り組む必要があるのだ。

ルール51

自分の頭で考えて結論を出す

「何を当たり前のことを」と、あなたは思ったかもしれない。もし子供扱いされているように感じられたら、お詫びしたい。

このルールで言いたいのは、明確な意見を持つ人物になる必要があるということだ。自分らしさを確立し、他人の意見に簡単に流されない人間にならなければならない。

自分の頭で考えるには、まず自分という人間をしっかり確立しなければならない。自分の考えを明確にし、それに沿って行動できる人物が目標だ。**いくら自分の頭で考えても、行動につながらないようなぼんやりとした考えでは意味がない。**

これは簡単なことではない。人間とは弱い心を持った生き物だ。誰もが愛され、受け入れられ、集団の一員として認められたいと思っている。だからどうしても「あなたが望む通りにします」と言いたくなってしまうのである。

個性的で独自の存在になること、周りとは違う人間になること――これを実行すると、最初は周りから浮いているようで不安な気持ちになるはずだ。

しかし、**本当に成功する人は、個性を生かして群れのリーダーになる。親切で、思慮深く、周りを尊重する人でさえいれば、周りに合わせなくても、愛され、受け入れられる。**

私の友人で、ある全国紙と同じ意見しか言わない人がいる。知的で頭の回転も速い人物だが、彼女は新聞と同じことしか言わない。きっと、その新聞を信頼しているのだろうが、彼女は自分の意見に新鮮味がないことに気づいていない。

たしかに、誰でも彼女のようになってしまう可能性はある。だから情報源をたまには変えてみて、新鮮な意見に触れることが必要なのだ。

自分の頭で考えるには、考える〝対象〟と、実際に考えるという〝行動〟が必要だ。

周りの人たちを観察してみよう。人生でうまくいっている人は、両方とも備えているはずだ。逆にうまくいっていない人は、考えるべき対象も持たず、はっきりした結論が出るまで考え抜くこともない。

ルール52

思い通りにならないことを楽しむ

人生はあなたの思い通りにはならない。他の誰の思い通りにもならない。

人生とは、みんな一緒に運転手のいない暴走列車に乗っているようなものだ。運転手がいたとしても、酔っぱらっているか居眠りをしている……。

これは悲しむべきことのように思うかもしれないが、そうではない。

もし人生が思い通りになるなら、誰でも自分に都合の悪いことは排除しようとするはずだ。しかし、本当にそうしたら人類は停滞し、すぐに絶滅してしまうに違いない。**都合の悪いことがない人生には、挑戦もワクワクもない**からだ。

人は悪いことをきっかけに発奮し、悪いことから何かを学ぶ。悪いことがあるからこそ、生きる意味を見出すことができる。いいことしか起こらなかったら、退屈で仕方がなくなってしまうはずだ。

人生は楽しむためにある。すべてをコントロールするために生きているわけではない。この考え方を受け入れることができれば、のんびりと太陽の光を楽しむ時間を増やすことができる。

自分が動かしているわけではないと自覚すると、人生をまるで映画を観るように眺めることができるようになる。ピンチに大興奮し、悲しい場面で涙を流し、恐怖に向かってそろそろと歩み寄り正体を見極める。

あなたは人生という映画の監督ではない。映写技師でもない。あなたは一人の観客だ。だから映画を存分に楽しもう。

このルールにはちょっとした条件がある。あなたが人生を動かしているわけではないが、かといって責任がまったくないというわけでもない。生きているかぎり、果たさなければならない義務がある。

あなたは、自分の住む世界を愛し、その世界に一緒に住む人たちを尊重しなければならない。ただ、世界のすべての出来事に対して責任を持つ必要はないということだ。

ルール53

自分だけの〝元気の素〟を見つける

私の友人で、飼い犬のグレイハウンドを溺愛している女性がいる。

どんなにみじめな気分でも、どんなに仕事で疲れていても、どんなにイライラすることがあっても、どんなにうまくいかない一日でも、家に帰ってグレイハウンドたちの出迎えを受けると、嫌なことなどたちまち忘れてしまうのだそうだ。

グレイハウンドと一緒にいると、楽しい自分を取り戻し、心が落ち着き、愛されている実感があると彼女はいう。

私の〝元気の素〟は子供たちと自宅だ。子供にはイライラさせられることも多いが、その新鮮な世界観にはっとさせられたり、彼らの成長を見守ったりするのは大きな喜びだ。

そして自宅は、そこに帰ると考えるだけで活力がわく、安心できる自分の居場所だ。

このルールがすばらしいのは、特別にお金をかける必要がないことだ。**あなたを元気にしてくれる何か（または、誰か）は、ほぼ例外なく、お金をかけなくても手に入る。**

もし、まだ見つかっていないのなら、探すべきだ。それは、次のようなところから見つかるかもしれない。見つけたらすぐにわかる。あなたを元気にする魔法の力があるからだ。

- **ある場所の景色、信仰の場所。**
- **人、ペット、子供。**
- **好きな本、好きな映画、好きな音楽。**
- **瞑想などを通して到達する心の状態。**
- **切手のコレクションを整理するなどの趣味。**
- **チャリティやボランティアの仕事。**

私たちは、ついつい自分自身のささいな問題で頭を悩ませてしまう。そんな状態から抜け出すには、自分以外の存在のために一生懸命になることがいちばんの近道だ。

人には「自分の問題なんて大きな世界の中で見ればちっぽけなものだ」ということを思い出させてくれる存在、人生のシンプルな喜びを思い出させてくれる存在が必要なのだ。

ルール54

罪悪感の取り扱いは要注意

罪悪感を抱くのは、あなたが善人だからだ。善人だから、誰かをがっかりさせたり、失敗したりしたときに、悪いことをしてしまったと自覚し、後悔する。だから、**罪悪感を抱くのは正しい道を歩いていることの証拠**だ。

しかし、罪悪感の扱い方には注意しなくてはならない。なぜなら、罪悪感はとても利己的な感情だからだ。

ただ悪かったと心を痛めるだけで、状況を正すための具体的な行動を取らないなら、きれいさっぱり忘れてしまったほうがいい。悪かったと後悔するだけで何もしないのなら、そんな感情は人生の無駄遣いなのだ。

罪悪感を感じたら、最初に行わなければならないのは、**そもそも罪悪感を抱く必要があるのか確認する**ことだ。もしかしたら、自分が気にしすぎているだけなのかもしれないし、間違った義務感が原因かもしれない。

いつもはボランティアの仕事を引き受けるのに、今回だけは断ってしまったというのなら、罪悪感を抱く必要はまったくない。あなたは十分にやっている。


もし、何かをするかしないかの二つの選択肢があり、どちらを選んでもいいのなら、どちらを選んでも正解なのだ。罪悪感を基準に選択する必要はない。

もし本当に罪悪感を覚えて当然ということをしてしまったのなら、それは責任を持って状況を正すしかない。それがシンプルな解決策だ。

それでは、もう取り返しがつかないならどうすればいいのか。その場合は、失敗から学び、同じ失敗をくり返さないと誓いを立てるしかない。そして罪悪感は捨てて、前に進んでいく。

この方法でも、どうしても罪悪感から逃れられないというのなら、自分なりの方法を見つけなければならない。

ルール55
いいところを見つける

不平を言うのは簡単だ。文句や批判ならいくらでも出てくる。いいところを見つけるほうがずっと難しい。

いいところを見つけるのが難しいのは、人間は本来、文句を言うほうが好きだからだ。

「週末のキャンプはどうだった?」と尋ねられたら、たいていの人は「天気が悪かった」「キャンプ場の設備に問題があった」「隣の客が最悪だった」というように、まず文句から始めてしまう。自然の中で親しい人と一緒にすごせた嬉しさや楽しさを、真っ先に口にする人はめったにいない。

しかし、どんなにひどい人でも、どんなに悲惨な状況でも、いいところは必ずある。**あなたの役割は、悲惨な状況からいいところを見つけ、それを強調すること**だ。

私は以前、バスのストライキ中にパリの地下鉄に乗ったある女性の記事を読んだことがある。電車は大混雑で、イライラした乗客が互いを突きとばしている。ひどい状況だ。そこに小さな子供を連れた一人の女性がいた。子連れの女性にとっては恐ろしい状況に違いない。しかし彼女は身をかがめると、子供の耳元で明るく言った。

「ほら見て。これが大冒険というものよ」

私は問題が起こったとき、いつも彼女のこの言葉を思い出すようにしている。

ポジティブな態度にはたくさんの利点があることは、すでに十分な証拠によって明らかになっている。中でもいちばんの大きな利点は、人々を惹きつけることだ。周りの人は、理由もよくわからないままあなたに引きよせられることになる。

今から一週間、口を開く前に、まずいいことを考えるようにしよう。それだけで人生が劇的に向上し、あなたはきっとビックリするはずだ。

本を読んでわかったと思っているだけではダメだ。とにかく実際に自分で試してもらいたい。そして、**どんなにがんばってもいいところが見つけられないというのなら、そのときは黙っているのがいちばん**だ。

2
章

パートナーと
最高の関係を築く
15のルール

The
Rules
of
Life

人には愛し愛される相手が必要だ。
人は誰でも、心の安まる人間関係を求めている。
そんな関係がもたらしてくれる親密さを求めている。

親密な関係を求めるのは人間として自然なことだ。
人間がすばらしい存在であるのも、
愛する相手に与え、与えられたいという気持ちがあるからだ。

残念ながら、男女の仲というものは一筋縄ではいかない。
その人の最悪の部分がここに出てしまう可能性は高い。

だからこそ私たちは愛について学ばなければならない。
あらゆる指導を受け、自分を磨く必要がある。

ルールはすべてそうだが、ここでも常識を覆すような、
革新的なルールは一つもない。
ただ、お互いを高め、生産的で長続きする関係を
築いている人を観察し、そこで見つけたルールを集めている。

ルールは大切な相手との関係を安定させるために必ず役に立つ。
安定した関係は人生に大きな喜びと刺激をもたらしてくれる。

ルール56

違いを受け入れ、共通点を大切にする

「女の子は砂糖とスパイスでできていて、男の子はナメクジとカタツムリでできている」こんな古い詩があった。たしかに男と女は違う。この事実は受け入れなければならない。しかし実際は、同じ人間同士、違いよりも共通点のほうが多いのだ。お互いに相手を異星人だと思うよりも、共通点を大切にして、違いを受け入れると決めたほうが、ずっと実りある関係が築けるはずだ。

パートナーという関係は、メンバー二人で結成したチームだ。

どんなチームでも、強さの秘訣はメンバーの多様性にある。個性的な才能とスキルを持ち寄るからこそ、何かを達成したり、プロジェクトを成功させたりできるのである。

違いは仕方なく受け入れるものではない。むしろ違いがあったほうがいいのだ。パートナーの中に自分と違うところを見つけたら、それは特別な才能だと思うようにしよう。相手が違う才能を持っているおかげで、チームの力はより高まることになる。

次に二人の共通点について考えてみよう。ものの考え方や好みが同じなら、きっと二人の関係はスムーズになるだろう。

ただし、二人とも生まれながらのリーダータイプなら、主導権争いでたいへんなことになるかもしれない。その場合は、いつもどちらかが上に立つのではなく、交互にリーダーを務めればいい。せっかくの共通点は、なんとしても関係向上のために活用するべきだ。

あなたとパートナーはチームだ。チームを組んでいるなら、協力して成功を目指さなければならない。

装飾をすべてはぎ取れば、みな同じ一人の弱い人間だ。みな怯え、人生の意味を見つけようともがいている。**もし違いばかりを探して騒ぎ立てていたら、人生の貴重な協力者を失ってしまうかもしれない。**その人がいるおかげで、人生の苦労が減り、楽しさが増えるかもしれないのに。

ルール57

お互いの自由な時間を大切にする

自立した強い人だからという理由で、その人を好きになることがある。自信を持って堂々と生きている姿に惹かれるのである。

しかし、その人を射止めると、自分に縛りつけようとしたくなる。相手は一人で問題なく生きていたのに、いざ付き合い始めると、相手の生き方に口を出すようになる。相手の夢やビジョンを否定したり、自由を奪って束縛しようとしてしまう。

「私と付き合うなら、自由の制限は当然」とでも言わんばかりだ。おかしな話だが、昔からよくあることだ。

「出会ったばかりのころの魔法が消えてしまった」

「ときめきが消えたので気持ちが離れてしまった」

これはよく聞く言葉だ。その理由を深く探ってみると、お互いの不信感、抑圧、束縛が見つかるはずだ。二人とも、相手が〝自分らしくいられる自由〟を与えていない。

それでは、この問題を解決するにはどうしたらいいのだろうか。

まずは、初めて出会ったときのことを思い出してみるといいだろう。あなたは相手のどこに惹かれたのだろう。相手のどこが特別だったのだろう。どこに魅力を感じたのだろう。

次に、**今のパートナーを見てみよう。初めて会ったときとどこが変わっただろう。**今のパートナーは、昔と同じように自立しているだろうか。もしかするとあなたが相手の自由を奪い、自立心と活力を奪ったのではないだろうか。

たとえ夫婦や恋人同士でも、たまには二人の関係を離れ、活力と生命力を取り戻す必要がある。あなたもパートナーに自由な時間を過ごすように促さなければならない。

あなたのパートナーは、自立に必要なスキルを身につける必要があるかもしれない。そこで、**あなたにできるのは自由な時間を与え、自立を促し、見守ること**だけだ。

たしかにこれは難しい。しかし、良好な関係を築いているカップルは、相手の自立を認めている。お互いが自分の時間を大切にし、その時間で得たものを二人の関係に還元している。これが健全な大人の関係のあり方だ。

ルール58

パートナーに礼儀正しくする

いつも一緒にいると、相手の存在は当たり前になっていく。すると相手も感情を持った人間だということを忘れてしまいがちになる。そして知らず知らずのうちに、扱いがぞんざいになったり、相手が取るに足らない存在であるかのように振る舞ってしまう。

こうした時期を乗り越え、関係に活力を取り戻すには、古風とも言えるほどの礼儀正しさが役に立つ。**礼儀正しさによって、相手を尊重し、馴れ合いの関係を脱するのである。**

あなたは再び、出会ったころの気立てがよく、親切で、物腰が丁寧で、礼儀正しい人に生まれ変わるのだ。パートナーに対して、次のようなことを心がけよう。

- **きちんと「お願いします」と「ありがとう」を言う。**
- **相手をほめる。**
- **日常的に贈り物をする。**

・相手の話に興味を持ち、質問をする。
・相手の健康や気持ちを気遣い、忙しさをねぎらう。
・相手の夢、希望、興味、喜びを尊重する。
・相手の欲求や希望をかなえる。

私たちは、知らない人に対してはとても礼儀正しい。そして、他人にいい顔をするのに忙しくしているうちに、大切なパートナーを無視してしまうことがある。

本当は、他の誰よりパートナーを大切にしなければならない。世界でいちばん大切な人は他ならぬパートナーなのだから、それを態度で示すのは当然のことだ。

私は以前、妻に新しいバッグを次々とプレゼントする男性の記事を読んだことがある。夫は自分のセンスに自信を持っているのだが、どれも妻は気に入っていない。妻は、自分で選んで買うからいいと何度も夫に言ったのだが、夫は妻の訴えをまるで取り合わない。

そこで妻は、自分も夫にバッグをプレゼントし、それで夫を黙らせた。

これは禅のような解決策だ。妻は腹を立てたり、怒鳴ったりしなかった。ただ夫の身勝手さに、ユーモアで切り返したのである。見事だ。

ルール59

パートナーの自由を尊重する

いくら仲のよいカップルでも、二人で一人の人間になることはできない。考えること、感じることはそれぞれだ。**良好な関係を続けられるカップルは、二人でいると強くなり、一人でいるときもそれぞれが強い**という特徴がある。

お互いを尊重できるカップルになるには、自分自身の気持ちを整えることが必要だ。

やりたいことをやる相手に嫉妬しない。

相手に不信感を抱いたり、恨んだりしない。

相手が自立し、あなたと離れて違う世界に行くことを受け入れる。

これは意外と難しいことだ。相手のことを思う気持ちが試されることになるだろう。

しかし、**相手の自由をたくさん認めるほど、相手はあなたのところに帰ってくる。**自由を認められていると、信頼されていると感じて気持ちが離れなくなるからだ。逆に束縛されていると感じると、束縛から逃れようと気持ちも離れていくのだ。

パートナーがやりたいことに、あなたが賛成できないときは?

その場合は、「賛成できなくても、反対はするな」としか言いようがない。パートナーも一人の人間であり、自分のやりたいことをやる権利がある。

犯罪や浮気など、人として問題のあることなら話は別だが、そうでないなら相手の選択を否定することはできない。あなたにできるのはパートナーを応援することだけだ。

相手のやることが気に入らないのは、相手の問題ではなくむしろあなたの問題だ。どこが気に入らないのか、なぜ気に入らないのか、自問してみる必要がある。

自分に質問してみよう——もしあの人がこれを実行したら、最悪の結果はどうなるだろう? その最悪の結果を、あなたが反対して実行させなかったシナリオと比べよう。

どちらが悪い結果だろうか? あなたが反対したことで、パートナーが去ってしまったり、不満を抱えて不幸になるというシナリオのほうがよいといえるだろうか。

相手の人生を何らかの形で束縛することは、パートナーの役割ではない。パートナーが空高く舞い上がるのを応援するのがあなたの役割だ。

ルール60
自分から先に謝る

どちらが先にケンカを始めたのかは関係ない。原因がどちらにあるかも議論する必要はない。どちらが正しくてどちらが間違っているのかも、どちらが有利かもどうでもいい。

ケンカをしたら自分から先に謝る。それだけだ。

原因がどんなにささいなことでも、ケンカにまで発展させてしまったというだけで大きな間違いをしたということなのだ。

だからまず自分から「ごめんなさい」と言わなければならない。口論の内容が何であれ、間違いは間違いだからだ。

口論をしたこと、ケンカをしたことに対してまず謝ろう。

口論の中身は関係ない。謝るのはたしかに簡単なことではない。でも、とにかくやってみよう。そうすれば気分がよくなるのを実感できる。人格者の高みから眺める景色はいつもすばらしいものなのだ。

「ごめんなさい」の言葉がのどに詰まってなかなか出てこないかもしれないが、それでも謝ったほうがいい。謝ることには利点がたくさんある。

まずは、謝罪をしたほうが道徳的に優位に立てるというのが一つ。

さらに、どちらかが謝ると、ピリピリした空気を和らげることができるし、お互いに恨みやわだかまりがなくなる。もしあなたが先に謝れば、相手も態度を和らげて謝る可能性はずっと高くなる。

覚えておいてほしいのは、**謝るのは自分の負けを認めたからではない**ということだ。大人げなく口論してしまったことに対して謝るのだ。

あなたは、ついカッとなってしまったこと、ルールを忘れてしまったこと、礼儀を忘れてしまったこと、頑固になってしまったこと、幼稚なことをしてしまったことに対して謝っているのだ。

ルール61

パートナーが喜ぶことを全力で計画する

あなたは自分から謝らなければならないし、パートナーの夢を応援しなければならないし、自由な時間を与えなければならないし、礼儀正しくしなければならない。その上でさらに、パートナーを喜ばせるために全力を尽くさなくてはいけないのである。

よっぽどの愛がなければ、ここまではできない……あなたはそう思っているに違いない。

そう、その通りだ。**パートナーは、世界でいちばん大切な人なのだから、当たり前のことだけで満足していてはいけない。**喜ばせるためなら何でもやる心構えが必要だ。

パートナーはあなたの同志であり、宝物であり、ソウルメイトだ。さらに恋人であり、友人でもある。いったい何をためらうことがあるのか。

では、具体的にはどんなことをすればいいのだろうか。

答えは簡単だ。とにかく事前に計画すればいいのだ。

誕生日なら、プレゼントとカードと花を用意して、二人で食事に出かければいい……というものではない。まあ、これだけやればたいしたものだが、しかし妥協してはいけない。誕生日、何か特別な日、休暇、週末、記念日が来るたびに、相手に喜んでもらえること、相手が望むことを真剣に考え、計画を立てよう。相手が望んでいることを何としてでも見つけ出し、それをプレゼントするのだ。

お金をかければいいというものではない。大切なのは〝驚きの要素〟だ。相手を喜ばせるために真剣に取り組んだということが大切だ。**前々から計画を立てて準備すれば、相手を本当に大切に思う気持ち、心から愛する気持ちを伝えることができる。**

当たり前の方法で満足せず、期待以上のことをしてパートナーを喜ばせる。これはあなたが創造性を発揮するチャンスだ。いつもと違う自分になり、思いっきり冒険してみよう。それと同時に、深い愛情と思いやりも伝えることができる。

え？ そんな時間はない？ そういう人は、人生の優先順位を考え直したほうがいい。あなたの恋人、パートナー、よき友人（これは三人の別の人ではない。一人のことだ）を喜ばせること以上に、大切なことなどあるだろうか。

ルール62

悩みを聞くことに集中する

これは男性にとって難しいルールかもしれない。少なくとも私には難しいルールだ。私は、誰かから悩みを打ち明けられると、うずうずしてしまう。「ちょっと待って。解決策はもうわかった」と言って、必要な道具を取りに走りだしたくなってしまうのだ。

しかし実際のところ、悩みを相談する人は、相手がスーパーマンになってすべてを解決してくれることなど期待してはいないものだ。私に求められている役割は、ただ相手の話を聞くだけだったりすることが多い。私に求められているのはこういうことだ。

- **ただ相手の話を親身になって聞く。**
- **泣きたくなったら肩を貸してあげる。**
- **「ああ、それはつらいよね」と同情する。**

・カウンセラーのように相手の目を見て、一〇〇パーセント聞くことに集中する。

私自身は、問題があるときに共感や同情など求めていない。「わかるよ」という言葉もいらないし、じっくり話を聞いて、うなずいてもらう必要もない。ただ解決策が欲しいだけだ。丈夫なロープでもドライバーでも、とにかく役に立ちそうなものを持ってきてほしいと思う。

しかし考えてみれば、私の問題は具体的な解決策があれば解決できる問題ばかりだ。まあ、男の問題と言ってもいいだろう。

悩みには、解決策のない場合もある。解決策があるとしても、たいていの場合は相手も、解決策を教えてくれることを期待してはいない。**ただ、問題を共有してほしい、手を握っていてほしい、同情してほしい、一緒に悲しんでほしい、優しい言葉をかけてほしい……そう思っているだけの場合が多い**のだ。

ただ、話を聞いてあげるだけでいいのか、それとも道具箱を取り出して作業に取りかかるべきなのか。これを見分けるスキルは訓練で身につけることができる。そして、よいパートナーになれる人は、このスキルを完璧に身につけている。

いいや、わかっている。私は今でも間違えることが多すぎる。それは認めよう。

ルール63

パートナーの幸せに情熱を捧げる

二人は出会い、恋に落ち、人生をともにすごすと誓った。

さて、どの程度ともにすごせばいいのだろうか……？

「人生をともにすごす」といっても、ただ一緒に生活すればいいというものではない。二人で送る人生に情熱を捧げることが求められる。

そう、情熱だ。ぼんやり生きている人には愛する資格も愛される資格もない。

愛には努力が必要だ。相手に興味を持ち、相手の気持ちに敏感にならなければならない。

パートナーと夢と目標を共有し、計画し、実行しなければならない。

もちろん、どんな関係にも波はある。問題だらけの時期もあるだろう。関係が長くなると、まあまあの現状に満足したり、退屈することがあるかもしれない。

それでもあなたは、**パートナーを幸せにすることに人生を捧げなければならない。その**

ための集中力と強さ、情熱、やる気、熱意、努力があなたには求められる。

えっ、何？　他人を幸せにするために人生を捧げるつもりはないって？

それなら、なぜパートナーと言えるのだろう。あなたはいったい何をしているのだ？

パートナーへの愛に終わりはない。

相手を心から大切に思い、相手の成功と幸せを心から願わなければならない。相手が満ち足りた人生を送り、完全な自分自身になれるように支えなければならない。

これを実現する機会は、一生に一度しかない。たしかに一生のうちに複数のパートナーを持つ人もいるが、いつか離婚することを目的に結婚する人はいないはずだ。

結婚とは、信頼し合い、互いの人生に責任を持つ〝最高の人間関係〟をつくるチャンスだ。違うだろうか？　もし違うなら、それ以外の結婚の目的を教えてもらいたい。

パートナーは、あなたの愚痴を聞くためだけにいるのではない。あなたを愛し、あなたに愛される、そういう関係を築くために、パートナーはそこにいる。

そんな最高の関係のために、人は人生に情熱を捧げようとするのである。それ以上に大切な人生の目的なんてあるだろうか。

ルール64

セックスの知識とテクニックを学ぶ

ここでお話ししたいのはセックスの話ではない。愛の話だ。

誰かを愛し、愛されているのなら、セックスするのは自然な流れだ。そのとき私たちは、相手に対して、優しく、礼儀正しく、敬意を示さなければならない。さらに、刺激的で、創造的で、セクシーでなければならない。よいパートナーとなるために必要なすべての資質を備える必要がある。

パートナーの望みや欲求を受け入れながら、なおかつ自分の価値観もきちんと守る。自分がやりたくないこと、恥ずかしい思いをすることは拒否する権利がある。それはパートナーのほうも同じだ。

ここでのキーワードは「思いやり」だ。**相手の欲求、好み、望みを尊重し、相手ができないことを強要しない。**親しき仲にも礼儀ありだ。

もちろん、情熱的なセックスがいけないというわけでない。荒々しいセックスもすばらしいものだ。思いやりのあるセックスは、控えめでおもしろみのないセックスということではない。パートナーを尊重するからといって、消極的なセックスをする必要はない。

情熱が激しすぎるカップルでも、相手に優しくすることはできる。お互いの服を引きちぎるような情熱的なカップルでも、優しさと思いやりを示すことは可能だ。

セックスしてくれる人がいるというのは、ある意味名誉なことでもある。私の場合、近ごろでは一緒に服を脱いでくれる人がいるだけで名誉なことだと思っている。

とにかく、セックスほど二人の人間が親密になれる行為は他にない。だから、そこでは最大限相手を尊重しなくてはならない。

そして、尊重する気持ちは知識から生まれる。相手の好みを知ることはもちろん、愛やセックスに関する知識を身につける必要がある。**セックスには高度な知識とテクニックが必要だ。もしまだ身につけていないのなら、時間をかけて学習する価値は十分にある。**

学ぶのは恥ずかしいことではない。生まれながらに一流のドライバーになれるわけではないように、生まれながらの最高の恋人もいないのだから。

ルール65

会話を絶やさない

もし現在パートナーとの間に、なんらかの問題があるのなら、会話こそが問題解決への唯一の道だ。難しい局面でも、話し合えば光が見えてくる。

そもそも会話がない関係には、どこかに問題がある。会話をするからこそ、お互いを理解し、気持ちを共有し、意志を伝え合うことができるのだ。

多くの人が沈黙を嫌う。沈黙は問題がある証拠であり、間違っていると考える。もちろん、すべての沈黙を言葉で埋める必要はない。

ごく基本的なパートナーとの会話のマナーをご紹介しておこう。

・**話しかけられたら、はっきり返事をする。**あいまいな仕草やうなり声ではダメだ。
・**会話中には数秒ごとに相づちを打つ。**「はい」「なるほど」「そうなんだ」など。
・**いい会話は、いいセックスにつながる。**よい会話こそが最高の前戯だ。

・問題を解決するまで会話を続ける。沈黙は問題を悪化させる。
会話することで、二人の絆は維持される。出会ったころは話してばかりいたはずだ。もちろん、黙っていなければならないときもあるが、基本的に、会話は健全で生産的な行為だ。会話をすると、絆、友情、愛、優しさを感じることができる。

沈黙は退屈だ。何の役にも立たず、破壊的で、相手に恐怖心を持たせてしまう。もちろん、ただ話せばいいというものではない。充実した会話もあれば、退屈なおしゃべりもある。ただ沈黙を埋めるためだけの、無意味なおしゃべりにも気をつけよう。

会話には、何らかの目的が必要だ。気楽なおしゃべりならもちろんかまわないが、相手を退屈させる長話は慎むこと。これからは、頭を使って話すようにしよう。

ルール66

プライバシーを尊重する

人は誰でも、生まれながらの権利がある。中でももっとも神聖にして犯すべきでない権利がプライバシーだ。

あなたはパートナーのプライバシーを尊重しなければならないし、パートナーにもあなたのプライバシーを尊重してもらわなければならない。

相手がある話題について、あなたと話さないことを選んだのなら、話さないのは相手の権利だ。以下のようなことは、親しい間でもしてはいけないのは当然だろう。

- **「お願いだから話してほしい」と甘えてはいけない。**
- **「愛してないの」「何か隠す必要があるの」などと脅してはいけない。**
- **過去の過失を引き合いに出すなど、相手の弱みにつけ込んではいけない。**
- **「誰が稼いでいると思っているんだ」などと、お金で脅迫してもいけない。**

・メールや留守電メッセージなどを隠れて探ってはいけない。

たとえば、一人でお風呂に入ることも立派なプライバシーだ。いつも一緒にお風呂に入るのは、どんなに仲がよくてもやめたほうがいい。

考えてみれば恐ろしい話ではないか。たまにならロマンチックかもしれない。しかし、むだ毛を抜いたり、ニキビを潰す姿をわざわざパートナーに見せる必要はない。

ウィンストン・チャーチルは、結婚生活を五〇年以上続けられた理由は、違うバスルームを使っていたからだと言っている。

自分のもっともプライベートな部分は、自分以外に見せないようにしよう。そして、他人のプライベートな空間にも侵入しない。このルールは、パートナーだけでなく、すべての人に対して守らなくてはならない。

誰かのプライバシーに侵入したい気持ちが抑えられないなら、まず自分自身を振り返ってみる必要がある。

なぜ他人の秘密がそんなに知りたいのだろうか。そこには、あなた自身があまり知りたくない真実があるのではないだろうか。

ルール67

同じゴールを目指す

恋に落ちたときに、二人の進む道が一つであることを疑う人はまずいない。恋愛初期には二人の間の共通点がいくつも見つかる。相手の気持ちに共感でき、一緒にいることが自然であるように感じる。二人は一枚のコインの裏と表のように、同じものを求めて人生というハイウェイをともに走り続けられると確信する……。

しかし、これは大いなる錯覚だ。気をつけないと、ハイウェイの分岐点で別々の道に入り、お互いの姿を永遠に見失うことになる。**二人とも同じ地図を見ていること、同じ目的地に向かっていることは、いつも意識的に確認しなければならない。**

二人はどこに向かっているのだろうか？　二人の共通のゴールは何だろう？

勝手な想像は禁物だ。もしかしたら、お互いに地球の裏と表にあるような場所を目指していないとも限らない。それを確認するには、話し合うしか方法はない。相手のゴールと自分のゴールを、きちんと確認して照らし合わせる必要がある。

ここで一つ注意がある。ゴールと夢は違うということだ。

人は誰でも夢がある。海辺のコテージ、世界一周旅行、フェラーリ、マリブの別荘、自家用プール……。こうしたものが夢だ。ゴールはこれとは別のものだ。

ゴールとは、たとえば、子供を持つこと（または持たないこと）、たくさん旅をすること、早期退職してスペインに移住すること、自立心のある子供に育てること、離婚しないこと、二人で事業をすること、犬を飼うこと……。こういったことがゴールだ。

定義するなら、「夢とは、いつかかなえたいこと」「ゴールとは、二人で実際に行うこと」ということになるだろう。**夢はそれぞれが別のものでも大丈夫だが、二人のゴールは協力して実現するものだ。そもそも一人で実現しても意味はないことだからだ。**

このルールで大切なのは、きちんと話して確認することだ。もちろん、深刻になる必要はない。お互いが同じ方向に進んでいることをざっと確認するだけで十分だ。二人の未来の道筋を、一から十まですべて決める必要はない。

ルール68

親友よりパートナーを大切にする

先日、友人の女性にこのルールの話をしたら、真っ向から反対された。「パートナーより、友だちを大切にしなければならない」というのだ。理由は「パートナーより友だちのほうがお互いをよく知っているし、友だち同士は、忠誠を誓うべきだから」だという。

別の女性に話してみると、今度は私の意見に賛成だった。「お互いをよく知らないからこそ、パートナーを大切にしなければならない」という。どちらも興味深い意見だ。

私の考えはどちらとも違う。「パートナーを大切にするのは、パートナーは恋人であると同時に友だちだから」だ。**理想を言えば、パートナーこそが最高の親友であるべきだ。**

あなたにとってパートナーとは何だろう。友だちでないなら、どんな役割なのだろうか。

あなたのパートナーが親友でない理由は？

パートナーは異性で、親友は同性であるべき？

世の中を観察していると、お互いに相手を子供扱いするカップルが目に付く。ガミガミ怒ったり、口ゲンカしたり、けなしたり、揚げ足を取ったりしている。

親友が相手なら、子供扱いするようなことはないはずだ。それなのに、なぜ世界でいちばん大切な人であるはずのパートナーに、そんなことをしてしまうのだろうか。

一つ例を挙げよう。友人が車を運転し、あなたは助手席に座っていた。友人が運転中にちょっとしたミスをしたら、あなたはどうするだろう？　おそらく、友人の失敗を笑い飛ばして、ミスをフォローするのではないだろうか。

それでは、運転手がパートナーだったら、あなたはどんな反応をするだろう。

- ミスを責めたり、運転能力の低さを指摘してバカにする？
- 相手の運転は信用できないから、しばらく自分がハンドルを握る？
- 友人の場合と同じように、ただミスを笑い飛ばす？

最後の選択肢が、あなたの答えであることを願っている。

ルール69

最高ではなく、満足できる関係を目指す

あなたが人生に求めることを一つ挙げるとしたら、何になるだろうか。
あるいは、自分の子供には、どんな人生を送ってほしいだろう。
「子供には、大きな夢を持って、それを実現して幸せになってほしい」
そう答える人は多いのではないだろうか。

人生に期待し、大きな夢を持って、最高の自分になる……。たしかに、実現するチャンスはゼロではないし、夢を追うのも悪いことではない。

しかし、夢をかなえるというのは、〝最高〟を追い求めた結果得られる一つの極端な状態だ。「夢を大切に」とか「夢を持とう」などという言葉をよく聞くのは、「なれる最高の自分を目指すべきだ」という最近の風潮の表れでもある。

しかし〝最高〟には上限がない。どこまで行っても、さらに上を目指さなければならな

くなる。
そこで〝最高〟を目指すのではなく〝満足〟できることを基準にする、という姿勢を持つ必要が出てくる。**〝満足〟を基準にするという姿勢は、特に人間関係では大切だ。〝満足〟とは、基準を決めて、確実に達成できる価値ある目標だからだ。**

誰かに恋をしたとき、相手は〝最高〟の存在になる。ときめいてドキドキワクワクし、天にも昇る心地になる。だから、恋をするのはすばらしい感覚なのだ。

しかし、その興奮は永遠には続かない。恋が始まったときの興奮状態を、永遠に維持できる人はいない。最初の多幸感が落ち着いたら、そこから目指すのは満足感であるべきだ。リラックスできて、心地よい、シンプルな毎日。**〝満足〟が〝最高〟よりも価値ある目標であるのは、その状態なら、長続きさせることができるからだ。**

パートナーとの関係で、打ち上げ花火のような感覚がなくなった。胸もドキドキしないし、興奮状態にもならない。そういう人でも、静かで満ち足りた毎日があるなら、それで十分に幸せなのだ。

ルール70

二人のルールは柔軟に決める

パートナーとのルールは、「二人とも同じルールに従う」ことを原則にする必要はない。具体的な例でお話しししよう。

ものすごく几帳面な人と、とんでもない散らかし屋のカップルがいるとしよう。お互いに「神経質すぎる」「だらしないにもほどがある」と非難し、イライラが絶えない。

几帳面なほうは「部屋はきれいに片づけるべきだ」と考え、だらしない人は「自分の家なんだから、散らかしたままでかまわない」と考えている。この状態で**すべてを二人の共通ルールにすると、どうしてもケンカが起きる。**

しかし、お互いに違うルールを適用したらどうなるだろう。そして、それぞれが自分の領域を決め、その中だったら自分の好きなようにしてかまわないとする。几帳面な人は好きなだけ片づけて、散らかし屋の人は好きなだけ散らかす。

これならもうケンカにはならない。なぜなら、お互いに違うルールで動いているからだ。

二人のルールは、無理に性格に反することはしないように決めるのがコツなのだ。

もう一つ、私と妻の例をお話ししよう。私の妻は、からかわれるのが大嫌いだ。そして私はあまり気にならない。妻のルールは「からかうのは禁止」であり、私のルールは「私をからかってもかまわない」だ。

さらにもう一つ。パートナーの居場所をいつも確認しないと気がすまない人がいる。しかし、パートナーのほうは気にならないから、自分は知らせなくてもいいと思っている。こんなカップルなら、片方は相手を安心させるために、居場所や行き先を報告し、片方は、知りたがっていないのだから特に報告しないというルールにすればいい。

パートナーは「愛している」という言葉を一日に何度も聞きたがり、あなたは肝心なときにだけ言ってもらえばいいと思っていたとする。それなら、あなたは何度も「愛している」と言うが、パートナーは「私も愛してる」と返さなくてもかまわないというルールだ。

基準が違うのだから、ルールも柔軟にする。それが強く結ばれたパートナーのあり方だ。

3
章

最高の家族・友人となるための14のルール

The
Rules
of
Life

家族と友人は、もっとも長い時間をともにする相手だ。
彼らの無条件の愛は、あなたに大きな安心感を与えてくれる。
彼らと一緒にいると、あなたは完全に自分らしくなれる。

そんな親しき仲にもルールがある。
正しい方法と正しくない方法がある。
いくら気のおけない間柄でも、礼儀を守り、
相手を尊重しなければならない。

子供に対しても、親に対しても、あなたには責任がある。
兄弟に対しても、友人に対しても、
自分の務めをきちんとまっとうしなければならない。

この関係を最高のものにするには、頭を使わなければならない。
ほとんどの人は特に何も考えず、流れに任せているが、
自覚的にこの関係に取り組む必要があるのだ。

自分の行動に自覚的になれば、彼らの支えになり、
温かさや幸せを届けることができる。
こんなにすばらしいことは他にない。

ルール71

何があってもそばにいる友人になる

本物の友人になるということは、大きな責任がともなうことだ。いい友人の条件は相当な数になる。主なところを挙げてみよう。

- **誠実で、信頼でき、頼りになる。**
- **正直である。しかし、正直すぎてもいけない。**
- **気立てがよく、オープンな性格で付き合いがいい。**
- **愛想がよく、礼儀正しい。**
- **口が堅い。安心して秘密を打ち明けられる。**
- **寛大である。間違いがあっても相手を許し、助けの手を差しのべる。**
- **必要なときには友情を失う覚悟で、相手に意見することができる。**
- **それが相手の選択なら、気に入らなくても黙っていることができる。**

いい友人でいるには、あなたはこうしたことをしなくてはならない。あなたの友人も同じであるのが理想的だ。しかし、もし友人にいくつか落ち度があったとしても、それを許しそばにいる。それがいい友人というものだ。

いい友人の条件はたくさんあるが、一つだけ選ぶとしたら、いちばん大切なのは「何があってもそばにいる」ということだ。

楽しいときはもちろん、つらい思いをしているとき、問題を抱えているときこそ、そばにいて支えになる。彼らの手を握り、泣くために肩を貸し、ハンカチを渡し、背中を叩いてやり、お茶をいれてあげる。「元気を出して」「心配ないよ」「何バカなこと言ってるんだ」などと声をかけ、立ち直る手助けをする。

ときにはただ話を聞くためだけにそばにいる。気が進まないとき、他の友人が去ってしまっても、あなただけはそばにいる。何があろうと、あなたは友人のためにそこにいる。

「話している途中で、相手が飛行機でどこかへ行ってしまい、一〇年間の空白期間のあとに顔を合わせたら、すぐ会話の続きを始められる。これが本当の友情というものだ」といった人がいた。たしかに、そうかもしれない。あなたは、そんな友情を育てているだろうか。

ルール72

「忙しい」を言い訳にしてはいけない

私には兄弟がいる。仲はとてもいいのだが、それでも電話や近況報告を忘れてしまうことが多い。どうでもいいと思っているからではない。忙しいからだ。

しかし、忙しいのを言い訳にしてはならない。**忙しさにかまけていると、時間はあっという間にすぎてしまい、身近な人への気遣いを示すことなど一生できない**からだ。数週間が数カ月になり、数カ月が数年になる。

無理にでも時間をつくるように、自分から行動を起こすべきなのだ。そうすれば人生はずっと生きやすくなる。

実際、時間をつくって連絡したほうが、ストレスの種が一つ消えて仕事もはかどるはずだ。その結果、空き時間も増えてすべてがうまく回るようになる。

連絡をするなら、ただ事務的に連絡するのではなく、充実した時間を一緒にすごさなければならない。自分を愛してくれる人には、お返しをする必要がある。それが公平な関係というものだ。

あなたは、家族から愛をもらった。だから、あなたも特別なものを差しださなければならない。それは、あなたの時間と気持ちだ。義務として差しだすのではない。自分でそうしたいから差しだすべきだ。そして、ありったけの献身と情熱を注ぐのだ。

忙しいときに母親から電話がきたら、「ふん、ふん」と気のない返事をしながら、ネットで検索したり、メールを書いたりしてはいけない。それまでしていた仕事は完全に中断して、全神経を相手に集中させるのがあなたの務めだ。

もしそれができないなら「今は話せないのであとで電話をしてもいいだろうか」と確認する。そして、あとで電話すると約束したのなら、必ず電話すること。

人は永遠に生きられるわけではない。ぞんざいな対応をすると、いなくなったときに「ちゃんと話を聞いておけばよかった」と激しく後悔することになる。そのときではもう遅すぎる。

だから、大切な人のために時間をつくろう。それも、これから今すぐにだ。

ルール73

子供には失敗する自由を与える

私は子供に「将来は、こんな仕事をしてほしい」という親の希望を伝えたことはない。子供に望む特定の職業もない。ここまでは胸に手を当てて断言できる。

しかし、子供には言えないが「その職業選択は違うのではないか」と疑問を持ったことはあった。親の目から見て、まったく向いていない仕事を選んだからだ。

若いころは誰でも失敗するものだ。私もそうだった。私は、失敗する自由を気前よく与えてもらい、その自由をめいっぱい使った。その結果どうなったか？　少なくとも、失敗のおかげで、やっていいことといけないことの区別がつくようになった。

私のいとこの一人は、いつも大人に守られていた。だから若いころ、私のような失敗をすることはなかった。しかし彼は、大人になってから、取り返しのつかない大失敗をしてしまった。若いころに失敗をしなかったせいだと本人も認めている。

人は、失敗しないわけにはいかない。それなら若いうちにすませてしまったほうがいい。

若いうちなら回復力があるので、傷も浅くてすむ。

親が一生懸命に教えれば、それで十分学べると思うなら、それは大きな間違いだ。人生のコツをつかむには、自分で人生を生きてみるしかない。そして、そこでの失敗からこそ、もっとも多くを学ぶことができる。

指を火傷しないと、本当の火の怖さはわからない。だから、親の役割は、消毒薬と絆創膏を用意して、黙って見守ることだ。そして治療が終わったら、キスで慰めてあげよう。

正しい方法を教え込むのではなく、正しい判断を促す質問をすることならできる。

「それをやったら、どういう結果になると思う？」

「前にも同じことをしたことは？」

この質問は、相手が友人のときも使うことができる。やる気に水を差さずに、冷静な判断を促すことができるだろう。

あまり攻撃的だったり、うんざりしたような口調にならないように注意すること。反対されていると思うとかえって意固地になり、うまくいかないほうを選んでしまうからだ。

ルール74

親を尊敬し、優しく接する

私の育った家庭には二つの問題があった。父親がいないこと、そして母親が難しい性格で精神的に不安定だったことだ。

私は、自分が親になってから、ようやく母親を受け入れることができた。親という仕事がどんなにたいへんかわかったからだ。そして周りを観察し、生まれつき親という役割が向いている人と、まったく向いていない人がいるということも理解した。

私の母は、親になるのに向いていなかった。しかし、それは母の責任ではない。どうしようもないことだ。責めることはできないし「許す、許さない」の問題でもない。

母は母なりに、人生という荒波に正面から挑戦した。しかし、人生のスキルが欠けていて、さらに誰からも助けてもらえなかった。それでも果敢に立ち向かったのだ。

その結果は？

母の子育てはひどいものだった。本来なら、私たち兄弟は全員セラピーを受けるべきなのだと思う。母はたしかに、大切な仕事でヘマをした。

しかし、人は誰でも、人生で苦手な分野や、どうしても好きになれない分野がある。母にとっては、母親になることがそれだったのだ。

もしかするとあなたの両親も、あなたから見れば合格点ではないかもしれない。それでも、それが両親の限界だったのだ。得意でないことがうまくできなくても責めることはできない。すべての人がすばらしい親になれるわけではないのだから。

あなたがこの世に存在するのは、両親のおかげだ。それだけでも両親を尊敬し、許す理由になる。もしいい親だったのなら、それを伝えよう。親を愛さなければならない、という決まりはないが、もし彼らを愛しているのならそれも伝えよう。もしひどい親だったのなら、親を許し、前に進もう。

子供には、親を尊敬し、親に優しく接する責任がある。**親を批判せずに許すことで、初めて両親を乗り越える存在になることができる。**

自分の育った環境の犠牲になる必要はない。あなたは自分の育った環境の問題を乗り越えることができる。

ルール75

子供のチャレンジを肯定する

たいていの子供が、いちばんたくさん聞く言葉は「ノー」ではないだろうか。何かをしようとすると「ダメ！」と叱られる。それをやってはいけません、まだ小さいからいけません、あそこに行ってはいけません、この映画を観てはいけません……。

実際、子供に向かって「ノー」を言うのは簡単だ。私も何かあるとすぐ反射的に「ダメ！」という言葉が出てきてしまう。

しかし子供を応援するには、このクセを直して「イエス」と言える大人にならなければならない（もちろん、年齢や発達状況を見て、状況の判断は必要だ）。

大人から「いいよ！」「がんばれ」と言ってもらうのは、子供にとって大きな自信につながる。「もう少し大きくなってからね」「お金を貯めてからね」という条件がついていても、肯定してもらえるのはとても嬉しいことだ。

「きっとできるからやってみなさい。成功すると思うよ」と力強く励ましてもらうと、自分の能力を信じられるようになる。その結果、たくさんのことに挑戦し達成できる。

友人のある女性は、六歳のときにバレリーナになりたいと思った。彼女は現在、身長が一八三センチとかなり大柄だが、当時からすでに大きな子供だったそうだ。

バレリーナ向きの体形ではないことは、彼女の両親は気づいていたはずだ。他のスポーツにしなさいと言うこともできただろう。しかし、彼女の両親は娘の選択を応援した。結局、バレエは自分に向かないと本人が気づき、足を痛めてやめたのだが、それでもこれは彼女自身の決断だ。自尊心を損なうことなく、バレエの道をあきらめることができた。

子供の夢を編集するのは親の役割ではない。子供の気持ちを挫いてはいけないのだ。親であるあなたの仕事は、子供を支え、応援することだ。夢をかなえるのに必要なリソースを与えることだ。

実際に夢を実現できても、できなくても、それはそれだ。チャンスを与えること。それがすべてだ。

ルール76
お金が返ってくると期待しない

このルールの正確な全文はこうだ。

「相手が友人でも、子供でも、兄弟でも、親でも、返ってこなくていいという覚悟がないなら、または関係を終わりにする覚悟がないなら、お金は絶対に貸してはいけない」

オスカー・ワイルドの貸し借りにまつわる話を紹介したい。

ワイルドは友人から本を借りて、返すのを忘れていた。友人が本を返してもらうために家を訪ねてきたのだが、そのとき若きオスカーは本をなくしてしまっていた。

友人は「借りたものを返さないということは、友情にひびが入ってもいいと思っているということだな」と詰問した。ワイルドはそれに答えて言った。

「たしかにそうだ。でも、きみが返せと要求するのも同じことではないだろうか?」

もしお金や大切な何かを貸すなら、返ってこない覚悟ができないなら貸してはいけない。相手がなくすかもしれないし、壊すかもしれない。とにかく何があるかわからない。

もし**貸すと決めたのなら、そして、相手との関係を大切にしたいなら、返ってくることを期待してはいけない。もし返ってきたら、それはボーナスだ。**本当に返ってこなかったとしても、覚悟はできていたのだから大丈夫だろう。

子供にお金を貸したつもりになって、返ってこないといって失望する――この失敗をする親はとても多い。親としては、子育ての間ずっと子供のためにお金を使ってきたという気持ちがある。だから、子供が独立すると、それが返ってくることを期待する。

しかし、子供が子育ての費用を返すことはない。そもそも、それまでお金を返すような訓練を受けてないのだから、いきなり返すことを期待するのは、非現実的と言わざるを得ない。もし本当に返してきたら、自分の幸運に感謝するべきだ。

相手が友人のときも同じだ。もし貸すことを選んだのなら、返ってこないと覚悟しなければならない。もちろん、友情よりもお金のほうが大事なら返済を要求すればいい。

それでは、誰にならお金を貸してもいいのだろうか。それは他人だ。しかし残念ながら、他人も借りたお金を簡単に返すことはない。

ルール77

他人を批判しない

小さな子供が三人いる友人が、先日こんなことを言っていた。

自分の子供を持つまで、子持ちの友人の苦労は理解できなかった。「子育ては疲れる」「子供がいると移動がたいへん」などと言われてもピンと来なかった。「子供にそれほど手がかかるわけがないと思っていた」というのだ。

しかし今、三人の子持ちになった彼女は、他の親の言っていたことがよく理解できるという。実際の子育ては、想像とはまるで違っていたそうだ。

同じ親同士だとしても、子供二人と三人とでは大違いだ。それに同じ子ども二人でも、性別が違ったり、年が離れていたり、親の仕事時間が違えば、見える世界はまったく違う。

何を言いたいのかというと、**自分の理解で、他人を批判してはいけない**、ということだ。相手の人生は経験できない。わかっていると思い込んではいけないのだ。

私の母親は、生後数週間のわが子を養子に出した。私は長い間、なんてひどい母親かと思っていた。しかし、私は自分が親になってから、自分の考えの間違いに気づいた。母はその時点で五人の子供がいて、夫も亡くなっていた。あれは一九五〇年代のことで、シングルマザーの子育ては今よりもずっとたいへんだった。子育て支援などなく、朝から晩まで働いていた。私が母の立場だったら、もっと立派にできただろうか。

たとえ相手が母親であっても、完全に理解することなどできないのだから、そもそも他人を批判することは慎むべきなのだ。**どんなに近い間柄であっても、人生の選択についてとやかく口を出すのは間違っている。**これは、私自身を含め、多くの人にとって守るのがもっとも難しいルールの一つだろう。

自分の立場に置き換えて考えてみよう。

自分は正しいと思っているのなら、人から違うと言われても、ありがたくないはずだ。たとえ間違ったことをしているとしても「自分の選択通りにやってみたい」「失敗するなら、失敗して学びたい」と思うだろう。すべての人が、同じように思っているのだ。

ルール78

子供の人格を責めない。悪い行動を注意する

「悪い子はいません。いい子が悪いことをしてしまっただけです」

この言葉は南カリフォルニアで生まれ、イギリスにやってきた。最初に読んだときは、なんと不愉快な言葉だと思った。私はこの言葉を心の底から嫌い、さんざん罵倒した。しかし、謝罪しなければならない。私は転向した。今はこの考え方を支持している。

私の子供たちも、どんなにやんちゃをしても、悪い子ではない。思わずカッと来ることもあるが、眠っているときの顔はまるで天使のようだ。昼間は悪魔になり、どんなに私を怒らせたとしても、彼らが本質的にいい子であることに変わりはない。

子供が悪いことをしてしまうのは、世界を探検し、いいことと悪いことの区別を知る必要があるからだ。どこまでがよくて、どこからが悪いのかを知るには、自分で経験してみるしか方法はない。人間としてとても自然なことだ。

子供が何か普通ではないことをしたら、こう考えよう。

バカな子供はいない、ただバカなことをしてしまっただけだ。
意地悪な子供はいない、ただ意地悪なことをしてしまっただけだ。
自分勝手な子供はいない、ただ自分勝手なことをしてしまっただけだ。

子供はいいことと悪いことの区別がつかない。その区別を教えるのがあなたの役目だ。最初から悪い子だと決めつけていたら、子育てのはじめの一歩から間違ってしまう。子供に向かって「悪い子だ」と言うのはきわめて有害だ。そう言われた子は、「自分は悪い」と信じてしまう。その思い込みは簡単には変えられない。

悪い子をいい子に変えることはできないが、いい子の悪い行動をいい行動に変えることならできる。 いい子だと信じれば、もうこっちのものだ。子供の行動だけを変えればいいのだから、十分に達成可能な目標なのだ。

子供の人格を責めるのではなく、悪い行動を注意するように心がけよう。それなら、子供が自分で対策を考えることもできる。

しかし、「おまえは悪い子だ」と言われてしまったら、子供にできることは何もない。「自分は悪い子だ」と自己認識をして、その通りに行動するしかなくなるのだ。

ルール79

身近な人の前で、前向きに振る舞う

今この瞬間から、あなたは愛する人たちの前で明るく振る舞うようにしよう。文句は言わない。ぼやかない。あなたの口から、ネガティブな言葉は一切出ない。そうすればあなたの周りで、いいことが起きるようになるからだ。

「調子はどう?」と声をかけられたら、「まあまあだよ」などと控えめに答えるのはやめよう。これからは、「絶好調だ。最高だよ」と答えよう。どんなにひどい一日でも関係ない。**ウソでもいいから「最高だよ」と答えると、気分は上向きになる。**そして、ポジティブな言葉が続けて口から出てくる。逆に「ダメだね」と答えると、そこから先はネガティブなことばかり考えてしまう。ウソだと思うなら試してほしい。本当にそうだから。

誰にとっても人生は厳しい。誰かがその重荷を軽くしなければならない。気分を盛り上げ、陰気な空気を一掃しなければならない。あなたがその役割を担うのだ。

「私？　なぜ私がそんな面倒な役割を引き受けなければならないのだ」

あなたは今、そう思ったはずだ。

その答えは「あなたにはそれができるから」だ。そんなに大それたことだと考えず、さりげなく実行しよう。ただ気持ちを変え、態度を変えるだけでいい。


難しい局面を切り抜けるのが上手な人は、例外なく明るく陽気な性格だ。彼らは、身近な人の気持ちを第一に考える。自分の問題よりも、身近な人の苦しみに心を砕く。だから当然の流れとして、相手を気遣う前向きな言葉が出るのである。**ポジティブな振る舞いと発言のおかげで、彼ら自身も活力と情熱をみなぎらせる結果になっている。**


私の友人に、言葉がまったくわからない外国で暮らした人がいる。その国で、彼は最高の気分で暮らしたそうだ。

彼は言葉がわからないから、文句も言えなかった。何か尋ねられても、「ハッピー」としか答えられなかった。使える言葉がそれしかなかったからだ。彼は「ハッピー」と答えるたびに、実際に幸せな気分が高まった。だから、その国では最高の気分だったのだ。

ルール80
子供に自由と責任を与える

子供は成長し、やがて家を出る。何もできない赤ちゃんが、いつの間にか大人になり、親の目の届かないところでビールを飲んだり、セックスしたりするようになる。

そんな子供が成長するペースについていくことが、子育ての秘訣だ。子供の成長に合わせて、より大きな自由と責任を与えるのが親の役目だ。

かわりに手を出したくなることは多いだろうが、がまんしよう。自分で目玉焼きをつくらせ、自分でゴミ箱のペンキを塗らせなければならない。

子供に自由と責任を与えるのは、微妙なバランスが求められる難しい仕事だ。手に負えないほどの責任を与えてはいけないが、いつまでも子供扱いするのもよくない。

最初に目玉焼きをつくらせたり、ゴミ箱をペンキで塗らせたりするときは、失敗することを覚悟しなければならない。フライパンの外にタマゴを落とすかもしれないし、ガレージの床にペンキをこぼすかもしれない。

その惨状を見ると「まだ無理だ」と言いたくなってしまう。しかし、**まともな目玉焼きがつくれるようになるには、タマゴを何個か無駄にしなければならない。**ペンキがきれいに塗れるようになるには、まずペンキを一缶ぶちまけなければならない。

子供が初めてコップを使った日のことを思い出してみよう。最初はこぼして当然だと覚悟して、キッチンペーパーを片手に待機したのではないだろうか。しかし子供が思春期になると、「失敗したときに備えて密かに待機する」という技術を忘れてしまう。

いきなり自分の部屋を片づけることができるわけがない。子供は、一から学ばなければならないのだ。

片づけの学習プロセスは「片づけないこと」「中途半端に片づけること」「大人とは違うやり方で片づけること」……と、いくつもの段階がある。親の仕事は、その**プロセスを見守り、手助けをし、少しずつ責任を与えていく**ことだ。

親は、子供が何でも最初から完璧にできることを期待してしまう。非現実的なのは親の期待のほうだ。成長とは、失敗の連続なのだから。

ルール81

子供の反抗を喜んで受け入れる

子供が最近まったく自分の部屋を片づけない。それに音楽もうるさすぎる。

あなたはふと考える。どうして、こんなにイライラするような子になってしまったのだろう、どこで子育てを間違えたのだろう、と。

話しかけても、返事はいつも「ふん」だけ。友だちの前では別人のように明るいくせに、家では機嫌が悪い。いつもお腹を空かせていて、お金をせがみ、問題ばかり起こす。しかも、親のことを恥ずかしいと思っている——。

あなたは自分を責めたくなる。子育てに失敗してしまった自分が悪いのだ、と。

こう考えるのは大間違いだ。子供の反抗は、あなたの失敗のせいではない。しかも反抗的なのは、むしろ喜ばしいことだ。説明しよう。

子供が親に反抗するのは、いつか自立して家を出るためだ。もし親のことが好きで好きでたまらなかったら、家を出られなくなってしまう。**親から離れるには、いったん親と仲が悪くなる必要があるのだ。**

家を出た子供はいずれ大人になり、「あなたの子供以上の存在」になって帰ってくる。だから、あなたは子供の反抗を歓迎し、背中を向けられるのを喜ばなければならない。

子供を早く手放せば、帰ってくるのも早くなる。添い寝して、お話を読んであげることはできないが、新しい関係を築き、また一緒にすごすことができるようになる。

いつまでも子供を手放さずにいると、親に対する反抗もそれだけ長引いてしまう。子供の反抗に大げさに傷つくと、子供はますます親を敬遠する。そうして親を傷つけた自分に罪悪感を抱き、なおさら親の元に戻ってこなくなる。

このルールは思春期の子供たちにも読んでもらいたい。

あんまり親を困らせてはいけないよ。きみが親との関係にとまどっているように、親のほうもきみとの関係にとまどっている。

あまり親を責めてはいけない。お互いに失敗と埋め合わせをくり返しながら前に進んでいこう。

ルール82

気に入らない子供の友だちを歓迎する

「またミッキー・ブラウンを呼んだの？　かんべんしてちょうだい！」

私の母はミッキーが大嫌いだった。なぜかって？　それは私にもわからない。母は私の友人のほとんどを嫌っていたが、中でもミッキー・ブラウンは特別に嫌っていた。

あなたの子供も、いずれ親の気に入らない友だちをつくるだろう。子供は、自分が知らない世界に興味を持つ。だから、とても貧しい子供や、大金持ちの子供に魅力を感じる。不良、わがままお嬢さま、人種の違う子、いつも不潔な腕白、自閉症の子、ジプシーキャンプに住んでいる子……子供は自分の知らない世界に惹きつけられるのだ。

親としてはどうしても反対したくなるが、それでも反対してはいけない。子供の選択を支持し、友だちを心から歓迎しなければならない。

子供が親の寛容さを試すような友だちと付き合うのは、実際いいことだ。偏見のない子

に育ったということを誇りに思わなくてはならない。子供が偏見を持たず、差別をしないのなら、親であるあなたもそうならなければならない。

私の息子も、お行儀にかなり問題があるクラスメートを誕生パーティに呼びたいと言い張ったことがある。その子の両親は、迎えに来たときに目に涙をためていた。その子が友だちの誕生パーティに呼ばれたのは初めてだったからだ。

それで、その子のお行儀はどうだったのかって？　まるで天使のようだった、と言いたいところだが、そんなことはなかった。評判通り、まさに大暴れだった。

私はそれから数週間も、「もう呼ばない。あの子にはもう二度とうちの敷居をまたがせない」とつぶやいていたほどだ。……いや、これは冗談だが。

真面目な話、あの子はたしかに元気いっぱいで、部屋をめちゃくちゃにはしたが、それは他の子供たちも大差なかった。実際、お行儀がいいと評判のある子は、私の愛用のブーツにチーズ・サンドウィッチとジェリーを詰めこんで、私を驚かせた。

いや、大丈夫、お気遣いは無用だ。大切にしていたが、どうせ中古で買ったブーツだ。ちょっとした汚れも味わいだと思うことにしよう。これが大人の態度というものだ。

ルール83

いつまでも子供としての役割を果たす

あなたは立派な大人だ。もう自分のことを「子供」だとは思っていないだろう。しかし、親にとってあなたは子供だ。両親とも他界するまでは、あなたはまだ子供のままだ。**子供には子供の責任がある。**どんな親だとしても、あなたは両親に礼儀正しく接しなければならない。思いやりと忍耐を忘れず、協力的にならなければならない。

いや、私にもわかる。親にはたしかにイライラさせられる。それでも、これからあなたは、次のような子供の責任をきちんと果たす人になるべきだ。

- **もしそれが親の希望なら、親の面倒を見る。**
- **親が子供の世話になりたくないなら、世話はしない。**
- **とりとめのない長話に付き合う。イライラしたり、ため息をついたりしない。**
- **親の苦労を理解し、経験を尊重する。**

・自分で十分だと思う以上に、親を訪ね、手紙を書き、電話をする。
・子供の前で親の悪口を言わない。むしろ、世界で最高のおじいちゃん、おばあちゃんだと持ち上げる。
・親が泊まりに来たら喜んで迎える。文句を言わずに観たいテレビを観させてあげる。

しかし、なぜここまでしなければならないのか。

それは、親には生んでもらい、育ててもらったという恩があるからだ。

それに、あなたが立派に育ったのは親のおかげだ。そう、あなたは立派な人間に育ったのだ。それは親のおかげだ。たとえ、どんな親だとしても。

年老いた両親は、子供から丁重に扱われる権利がある。面倒を見てもらい、真剣に話を聞いてもらい、一人の人間として尊重される権利がある。

それに、親には子守やペットの世話を任せることもできる。きっとすばらしい仕事をしてくれる。しかもたいていはお金がかからない。ありがたいことだ。

ルール84

親としてできる最高の仕事をする

多くの子育ての本を書いているスティーヴ・ビダルフは、こう言っていた。

「親の仕事とは、子供が自分で自分の面倒を見られるようになるまで生かしておくことだ」

本当に生かしておくだけでいいのか……いやはや、これは難しい。間違いなく親には親の役割がある。思いつくところを挙げてみよう。


子供が健康に育つためには、最高の食事を与えなければならない。

子供の才能やスキルに応じて、最高の教育を与えなければならない。

自分の希望を押しつけず、いろいろな分野への興味を育てなければならない。

いいこと、いけないことの明確な基準をはっきりと伝えなければならない。

親が自らその基準を守って、手本とならなければならない。

基準を破ったら、許される範囲で明確な罰を与えなければならない。

子供の年齢に合わせて、親の監視レベルを変えなければならない。
家はいつでも子供にとって完全に安心できる場所でなければならない。
厳しく、愛情豊かで、責任ある親にならなければならない。
子供に見られたくないと思うことはしてはいけない。
全力で子供を守り、子供の安全を確保しなければならない。
独創的で、世界に興味を持つ人になるように刺激を与えなければならない。
子供を肯定し、自尊心を高め、自信をつけさせねばならない。
礼儀正しく、生産的で、社会の役に立つ大人として世の中に送り出さねばならない。

さて、どうすれば現実的なルールがつくれるだろうか。親になるというたいへんな仕事を引き受けたからには、子供と見えない契約を結んだということを自覚しなければならない。あなたは契約を守り、自分にできる最高の仕事をしなければならない。

これはなにも、お金で買えるものだけを意味しているのではない。親としてのあなたの使命は、最高の親として必要な資質をすべて備えるように努力することだ。そして、子供を支え、応援し、優しく忍耐強く接する。そうやって子供を愛し、慈しむのだ。

4
章

社会の
一員としての
17のルール

The
Rules
of
Life

人はとかく、自分の所属集団が正しくて優れていると思いがちだ。
どの集団に属する人もみな同じように思っている。

しかし、小さな集団で固まって独善的になり、
世界が狭くなるのは避けなければならない。

どうすれば、さまざまな背景の人と関係を築けるだろうか。
友好な関係を築く相手は多ければ多いほどよい。
そして除外する人の種類は少ないほどいい。

人はとかく、属性だけで誰かを除外してしまいがちだ。
これは「われわれ」と「彼ら」のメンタリティである。
しかし、「われわれ」もまた「彼ら」と同じ。
実際はみな同じ「私たち」だ。

私たちは、すべての人に対して敬意を持たなければならない。
そうでなければ、この社会で生きている意味がないではないか。

ルール85

文化や人種の違いを特別視しない

ある知り合いの話をしよう。それほど親しい相手ではない。コンピュータ関連の会社を経営していて、家族がいて、九時から五時まで働いている。ごく一般的なイギリス生まれのイギリス育ちのイギリス人だ。

彼は以前、イギリスの移民政策について、かなり強い口調で反対意見を主張していたことがあった。数字を元に移民反対説の正しさを証明しようとしていたが、聞いているほうからすると、移民に対しての非寛容な意識を感じざるを得なかった。

そんな彼が最近になって、自分が養子だということを初めて知ったのだそうだ。もちろん養子であることに問題は何もない。

すぐに彼は本当の両親を捜し当てた。彼の父親は移民だった。自分自身を生粋のイギリス出身だと疑わなかったその男性は、実は半分だけイギリス出身だったのだ。

どんな人でも、ルーツをさかのぼればさまざまな背景を持つ先祖がいる。属するコミュニティも、人種もさまざまだ。

一説によると、ヨーロッパ人の半数はチンギス・ハーンの遺伝子を持っているのだそうだが、いわゆる「純粋な○○人」という人はもう存在しないと言ってもよい。ルーツがどこにあるのかなどと考えても意味がなくなっているのだ。

私たちはみな同じ人間で、先祖をどんどんさかのぼれば、みんな親戚だ。

だから、**コミュニティや文化が違うといっても、表面の覆いをはぎ取れば、違いなんてほとんどない。人間としての本質は同じだ。**

誰もが恋に落ち、手を握り合う相手を求めている。家族に恵まれ、幸せになりたいと思っている。長生きし、ずっと健康でいたいと思っている。

スーツを着ていようと、腰蓑を巻いていようと関係ない。どんな服を着ていても、傷ついたときに涙を流し、楽しいときに笑い、お腹が空けばお腹が鳴る。

表面の覆いの下から現れるのはみんな同じ人間だ。とても魅力的で、そしてあまりに人間的な人間ばかりなのだ。

ルール86

相手の立場で考えてみる

先日の休みに近所でちょっとした事件があった。

雨の中、自転車に乗っていた人が「車が近づきすぎたせいで側溝に落ちそうになった」と言ってカンカンに怒っていたのである。

彼は理性を失い、攻撃的になっていた。私は、彼に罵られている人に代わって、なんとかなだめようとしたのだが、彼は私にも悪態をついてきた。

彼は自転車で走り去りながら、私に向かって拳を振りかざした。するとその拍子に自転車がぐらついた。私はそれを見て、思わず心の中で大笑いしてしまった。

彼はきっと、自転車はすばらしいレジャーだと聞かされて、休日のサイクリングに出かけてみたのだろう。しかし、その日は一日中雨が降った。そして、急な坂道の続く田舎道をずぶ濡れで上り、疲れ果てたところで、車に驚いてふらついてしまったのだ。

もちろん、あんな言葉を使ったことはたしかに間違っている。それに最初からケンカ腰で攻撃的だった。でも、たぶんあなたも私も、彼と**同じ状況に置かれたら似たような反応をしただろう。**寒く、ずぶ濡れで、とにかくみじめだった。あんな休日をすごしてしまったら、誰でも思わずカッとなってしまう。

彼を許すのは簡単だった。さんざんな休日で気の毒だと思ったからだ。

間違った行動を許すことは、負けることではない。理不尽に耐えることでもない。**自分の立場をきっぱり主張しながら、相手の立場で考え、相手を許すことは可能だ。**

「許す」という表現より「寛容になる」という表現のほうが適切かもしれない。許すことと、人に踏みつけにされることとはイコールではない。

相手を許しながら、「もういい加減にしろ。そのみっともない自転車でどこかに行ってしまえ。あんたのお母さんはハムスターの匂いがする」と言ってもかまわない。

子供の場合と同じだ。自転車の彼はいいヤツだが、ただ悪いことをしてしまっただけだ。ちょっとしたことがきっかけで、ついに怒りの沸点を超えてしまったのかもしれない。その可能性をいつも忘れないようにしよう。

ルール87

誰にでも優しくするのを基本にする

前のページで見たように、あなたにケンカを売るような人がいるのは、悪いことが重なったのが原因かもしれない。それなら周りの人の一日を少しでもよくしてあげれば、彼らのような人物がどこかで怒りを爆発させることはないはずだ。

ちょっとした善意に触れられたら、あの自転車の男性も、あそこまでカッカすることはなかったかもしれない。きっとあの日、彼は誰からも親切にしてもらえなかったのだろう。もう長いことそうだったのかもしれない。

だとするならば、あなたにも責任があるのだ。もしあなたが彼に少し優しくしていたら、彼は私にあんな八つ当たりすることはなかったのだ。

誰に対しても丁寧な態度で接し、いつも助けの手を差しのべる。これは慣れてしまえば簡単なことだ。やり始めれば、自然とできるようになる。

この態度をあなたの〝初期設定〟にしてしまえばいい。

いつ誰に何かを頼まれても、これからのあなたは「忙しいんだ。他に頼んでよ」とは答えない。「ああ、いいよ。教えてあげよう」とにこやかに答える人になるのだ。

この態度を職場で試してみよう。そして、自分の評判とキャリアがどう変化するかを観察してみよう。

誰かが困っていたら、いつでも自分から「何かお手伝いしましょうか」と声をかけることを基本にする。買い物帰りに、紙袋が破れてしまったといった小さなことでかまわない。声をかけた相手は、助けが必要なら、あなたの申し出を喜んで受け入れるだろう。もし断られても、少なくとも声はかけた。それがいちばん大切なことだ。

これは、日々の心がけの問題だ。いつも周りの人のためを思い、笑顔をつくり、助けを求めている人を見逃さない。相手の立場で考え、問題を抱えている人に同情する。

これは、言いなりになる人と思われることではない。むしろ正反対だ。周りの人の問題をすべて解決する必要はない。ただ手間と時間を惜しまずに、周りの人を気遣うのだ。

周りの人にはまったくの赤の他人も含まれる。**すべての人が、ときどき知らない人にも笑顔を向けるように努力すれば、世の中の争いも毎日少しずつ減るだろう。**

ルール88

相手の得になることを探す

人は誰でも勝ちたいものだ。負けたい人はいない。

そして、自分が勝つなら、他の誰かが負けることになると考える。他の誰かとは、たいてい身近な誰かだ。

しかし、勝者を決めるためには、必ず敗者が必要とは限らない。自分が勝利を手に入れると同時に、相手も勝者にすることはできるのだ。これがビジネスで重要とされるWin-Winの考え方だ。

Win-Winの思考が身についている人は、「彼らの得になることは何だろう」と考え、冷静に状況を見極めようとする。相手の望みと実現可能性を探ることができるのだ。

相手の望みを探るコツは、一歩身を引いて、状況を客観的に眺めることだ。**こうすると「自分対彼ら」の構図は消えてしまう。**自分が勝つために、相手が何かをあきらめなければならないという思考を捨てることができるのだ。

ビジネスにおいては、このルールを身につけている人は理想の取引相手だ。相手の望みを考える習慣が身につけば、交渉はスムーズになる。そして、話のわかる大人だという評判が確立する。これは、あなたにとってもプラスになることだ。

そういうあなたと一緒に仕事をするのを楽しみにする人は多いはずだ。あなたは協力的で、相手の立場を理解してくれるからだ。

Win-Winが効果を発揮するのは、仕事だけではない。家族を相手に試してみよう。

たとえば、休暇旅行のすごし方を話し合うとしよう。あなたの望みは乗馬をすることだ。それなら、家族の他のメンバーにとっても得になることを考えよう。

たとえば、あなたが乗馬をしている間に、家族は釣りやセーリングを楽しむという案もあるだろう。「家族にとって得になることは何だろう」という観点から考えれば、いいアイデアが浮かぶはずだ。

Win-Winは子育てでも活用できる。親が一方的に決めた規則に、子供が素直に従うことはない。しかしここでも、「子供にとって得になることは何だろう」と考えれば、スムーズに問題を解決することができる。そして、子供もあなたも勝者となるのだ。

ルール89

ポジティブな人と付き合う

人には二種類いる。ポジティブな人とネガティブな人だ。

ポジティブな人は一緒にいると気分が上向きになる。彼らは人生に前向きで、元気いっぱいだ。モチベーションが高く、有言実行。一緒にいると、こちらも生きていてよかったという気分になる。

対してネガティブな人は、文句ばかり言っている。一緒にいると、動く気力が萎えてくる。充実した人生を送り、幸せになりたいと思っているのなら、ネガティブな人と付き合ってはいけない。

ルール44では、ガラクタの在庫を減らして人生をすっきりさせるという話をした。ここではさらに、付き合う人の在庫整理をしようというわけだ。今付き合っている人たちを見直してみよう。

ポジティブな人の特徴

・一緒にいると楽しくなったり、チャレンジしようという気分になる。
・一緒にいると、自分のことが好きになる。
・あなたを応援し、励ましてくれる。
・新しい発想で、あなたに刺激を与えてくれる。

ネガティブな人の特徴

・一緒にいると気分が落ち込む。自分の無力さを思い知る。
・彼らに会うと、批判されたように感じる。
・新しいアイデアやチャレンジに冷水を浴びせる。

ネガティブな人は整理の対象だ。そんなふうに友だちを切るなんて残酷だと言いたい気持ちはわかる。たしかに残酷かもしれない。

しかし、**一緒にいることで、成長したり、前向きに人生を楽しめないなら、友だちでいる意味はまったくない**はずだ。暗い気分で落ち込んでいるのが好きなら止めはしないが。

ルール90

知識とスキルを惜しみなく提供する

あなたも年齢を重ねるほどに、多くのことを学ぶだろう。あなたが学んだことのいくつかは、若い人たちにとって貴重な教えになるはずだ。

もし特別なスキルや知識があるなら、それを後輩たちに伝えよう。情報や時間の出し惜しみはよくない。あなたの知識とスキルも、抱え込むより、分かち合ったほうが大きな価値を生む。もしチャンスが到来したら、そのときは惜しみなく時間と情報を提供するべきだ。

私は先日、六歳の子供たちに、作家という仕事について話す依頼を受けた。私は考えた。

「私は作家だろうか。作家というよりもライターではないだろうか」

私は作家という言葉に気後れしてしまったのだ。大物小説家のような響きがあるから、私には似つかわしくないように感じたのだ。それに、六歳の子供を相手に、自分の仕事について何を話せばいいのだろう。

しかし私は、このルールを思い出し、依頼を謹んで引き受けることにした。引き受けたのは大正解だった。近年でもっとも楽しくて充実した時間をすごすことができた。

子供たちはすばらしい聴衆だった。鋭い質問をして、集中して話を聞き、大人顔負けの感想を述べてくれた。全体的にとてもお行儀がよく、私の話を熱心に聞いてくれた。とにかくすばらしかった。

自分の経験や知識がどんな人の役に立つかは、誰にもわからない。**思いがけないところで誰かを刺激したり、誰かの心に火をつけたり、誰かを励ましたりできるかもしれない**のだ。自分なんか誰の役にも立たないと思い込んではいけない。

このルールは、特に職場で積極的に活用してもらいたい。

自分だけの知識やスキルは、職場での競争の武器だ。どうして、競争相手に武器を渡さなければいけないのか――あなたはそう考えるかもしれない。

しかし実際は、成功する人ほど、自分の知識やスキルを周りに惜しみなく伝えているものだ。それは、知識を伝えなければ、自分の代わりになる人が育たないからだ。

自分を「替えの利かない存在」にするというのは、見方を変えれば、一生今の地位に自分を縛ることでもあるのだ。

ルール91

手を汚して世界に参加する

あまりにも多くの人が、テレビという他人の目を通した現実の中で、長い時間をすごすようになってしまった。テレビを観ている時間は、快適で安全だからだ。実際に外に出れば、危険な目にあう可能性はいつでもある。寒かったり、居心地が悪いことばかりだ。しかし、少なくとも生きている実感ははっきり感じることができる。

年を取るほど、時間の経つのが早くなると言う人は多い。しかし、私の経験から言わせてもらえば、**外の世界に参加するほど、時間の流れはゆっくりと濃密になる。**時間が経つのが早くなるのは、テレビの前ですごしたり、うわさ話ばかりしていて、自分から世界に参加していなくなったからではないだろうか。

参加するとは、袖をまくり上げ、自分の手を汚すことだ。手を汚すことで、あなたは本物の経験を積むことができる。頭の中だけにあったアイデアを現実の形にし、現場で人々と話をし、他の人たちに意義ある人生を届けることができる。

私が観察したところ、成功している人たちは、そうやって世界に参加している。念のため、もう一度確認しておきたいが、私が言う成功とは、金持ちや有名人になることではない。満足して幸せな人生を送ることだ。

仕事以外に興味を持ち、お金にならず、誰からもほめられなくても、その活動に熱心に参加する。そういう人こそが人生を楽しみ、本当に成功していると言えるだろう。

彼らはボランティア活動に参加する。若者のメンターになり、子供の学校の運営に参加する。地元のビジネスアドバイザーになったり、チャリティの仕事をする。とにかく外に出て、活動を楽しんでいる。

ときには、参加している活動に時間を取られすぎて、後悔することがあるかもしれない。それでも、彼らは参加することはやめない。それは自分自身が世界の一部であると実感することだからだ。

ルール92

自分より恵まれた人を恨まない

子供のころ、同じ学校に貧しい家庭の少年がいた。世界を見わたしてみれば、彼の家庭はまだまだ恵まれたほうだが、同じ学校の子供と比べるとたしかに貧しかった。

きっと、この貧しさも発奮材料になったのだろう。彼は大人になって金融界で成功した。現在ではおそらく、かつての同級生の誰よりも裕福かもしれない。

しかし、子供のころにお金で苦労したことが、まだ彼を苦しめている。だから彼は、自分ほど苦労せずに金持ちになった人を心の底から憎んでいる。

「休暇で一カ月バハマ？　豪勢だな。そんな贅沢ができる人はなかなかいないよ」と嫌味を言ったりする。たしかにその通りだが、彼自身はそんな贅沢のできる余裕が十分ある。

人は誰でも、現在や過去に問題の一つや二つを抱えている。

家庭環境が最悪だった、お金がない、配偶者にうんざりしている、望む仕事に就けなかった、アレルギーで犬が飼えない……いろいろな問題がある。

肝心なのは、その問題は誰かの責任ではないということだ。すべて順調に見える人だって、おそらく何かと戦ってきたはずだ。あるいは、これから戦うことになるのかもしれない。それはあなたにはわからない。

人が自分より恵まれていることが気に入らないなら、いったいどうすれば気に入るのだろう。友だちも最悪の家庭環境で育てばよかったのだろうか。

もちろん私も、苦労の多い人生を送ってきた人に同情しないわけではない。しかし、**苦労を恨みに変えていては、人生はますますつらくなってしまう。**

ちなみに冒頭で紹介した友人は、たしかに貧しい家庭に生まれたが、頭脳には恵まれていた。おかげでオックスフォード大学に進学し、一流の金融機関に就職できたのである。

しかし彼は、自分ほど頭脳に恵まれなかった人に、恵まれていて申し訳なかったと謝ることはない。自分は一流大学に行けなかったという事実を心の傷として抱え、彼の頭脳をうらやましく思う人は間違いなくいるだろう。

考えてみれば、世の中は無駄な恨みや妬みであふれている。せめて私たちは、これ以上恨みを増やさないようにしよう。

ルール93

周囲の人と自分を比べ、優れた人を手本にする

本書の最初の版を出版したとき、私は読者のみなさんに「あなたのルールを教えてください」と呼びかけた。世界中から、多くのすばらしいルールを送っていただき、今回の改訂版では、いくつかを採用させていただいた。おかげで最新版である本書の内容は格段によくなった。

このルールは、一六歳のインド人の少年が送ってくれたものだ。

言い換えれば、**「周囲の人を教師と思って、周囲から学ぶ」**ということだろう。これは、まだ学校に通っている一六歳の少年だからこそ自然にできることかもしれない。

しかし、悲しいことに大人になると、人はこの態度を忘れてしまう。私たちは、この一六歳の少年から学ばなければならないと思う。

他人との比較に関しては、むしろ「自分と他人を比べるな」と言われることのほうが多い。他人と比べて、自分が優れていると思うのは傲慢な態度だし、自分が劣っていると思うと意気消沈してしまうからだ。そもそも、人はみな個性的な存在で、比べても仕方がないという考え方もある。

しかし「日々もっとよくなりたい」「もっと成長したい」と思うなら、その「もっと」とはどれくらいだろう。目標を定めるためにも「お手本」を見つけるのはいいことだ。

これは前向きな比較だ。この比較によって、自分があとどれくらいがんばればいいのか、具体的に知ることができるからだ。それに、**お手本が見つかるということは、その目標が達成可能なことの生きた証拠だ。**

お手本にしていることを本人に知らせる必要はない。もちろん、必要なら本人に助言を求めてもいい。

優秀な人と自分を比べるのは気が滅入る――そう思う人もいるかもしれない。しかし一六歳の少年も指摘したように、相手は優秀で自分はダメだということではない。自分も優秀で、相手はもっと優秀だと考えるようにしよう。

ルール94

キャリアプランを持つ

あなたの仕事の夢は何だろう？　それでは目標は？　あなたはどんなキャリアプランを立てているだろうか？

人は誰でも、働かなくてはならないが、働く人生と働かない人生を比べるなら、働くほうがずっといい。働くことで、シャープな頭脳を維持できるし、他の人とも交流できる。それに仕事は人生をチャレンジの場にしてくれる。

しかし、せっかくの仕事でも、ただ働くだけではもったいない。夢も、目標も、キャリアプランも何もないままでは、どこにたどり着くかは運次第となってしまう。

たしかに、行き先のわからない旅は最初はワクワクする。しかし、偶然任せの旅で、幸せと成功にたどり着ける人はめったにいない。いちばん怖いのは、**目的地がないと人はいつの間にか無気力の下降スパイラルにはまってしまう**ということだ。

何らかの目標やプランがあるなら、そこへたどり着ける確率はずっと高くなる。すべてにおいて、目標が決まれば戦いの九割は終わったも同然なのだ。

目標地点が決まれば、そこから先は難しくない。次は、目標に到達するための具体的なステップを考える。そして、それぞれのステップを実現するための行動計画を立てる。

もっと勉教が必要なのか、それとも経験が必要なのか。転職したほうがいいのか。働き方を変えるべきなのか――。必要な行動が何であれ、あなたはそれを実行しなければならない。立ち止まって、ずっと同じ場所で停滞してはいけない。

幸せも成功も、意識的に目指さなければ手に入らないものだ。もちろん、運が決定的な役割を果たすことはたしかにある。しかし、あったとしてもごく例外的なケースだ。

それに、プランを持って意識的に努力したほうが、偶然のチャンスにも恵まれるだろう。前を向いているとチャンスに気づくことができるからだ。もしそんな幸運に恵まれたら、それまでのプランを捨てて、チャンスに飛びつけばいい。

ルール95

自分の仕事が世界に与える影響を考える

あなたの仕事は、長い目で見て、世界にどんな影響を与えているだろうか。今の時代、世界に与える影響に無自覚でいることは許されない。

私は作家として、自分の仕事が与える影響を自覚している。本になる紙をつくるために、多くの樹木が伐採されている。しかし、できるだけ多くの方のためになる内容の本をつくり（そうであることを願っている）、出版に関わる雇用を創出することで、マイナスを越えるよい影響を世界に与えたいと願っている。

私の本を扱ってくれる出版業界の労働環境については、おそらく私にできることは何もない。だからこの点については私には責任はないと思う。違うだろうか？

あなたの仕事はどうだろう。**あなたの仕事は、世界の人々に欠かせない何かを提供しているだろうか。あなたの仕事で、人々が今よりも幸せで、豊かになれるだろうか。**

どんな仕事でも、社会に何らかの影響を与えている。それはいい影響かもしれないし、悪い影響かもしれない。

悪い影響をもたらしているからといって、すぐに転職すべきでもないし、いい結果をもたらしているから、安心してふんぞり返っていていいわけでもない。

仕事として行うことの一つひとつが、人々の利益になったり、人々に害を与えたりしている。自分の仕事のいい点と悪い点を検証し、自覚することから始めよう。

納得できない点に気づいたら、仕事を去ることもできるが、そう早まる必要はない。**内部から前向きな変化を起こすことができるかもしれない**からだ。

以前、ある業界で働いていたときのことだ。その会社が与えるあるマイナスの影響に気づいた私は「経営陣に質問する」という作戦を使った。

「もしマスコミに叩かれたら、わが社はどうなると思いますか?」という質問だ。この質問で、会社が一線を越えているという事実が浮き彫りになった。

経営方針に反対したわけでも、内部告発したわけでもない。ただ質問をしただけだ。

あなたも同じことができるかもしれない。自分の行動で、ゆっくりと、静かに、少しずつ、物事をいい方向に変えていくことができる。その可能性を忘れてはいけない。

ルール96

仕事のできる人になる

職場でも、自分の行動規範を決め、それを守るのは大切なことだ。これまで見てきた通り、道徳的で、礼儀正しく、誠実で、信頼できる人でなければならない。加えて次のことも心がければ、仕事ですばらしい成功を収めることができるはずだ。

・**つねにベストを尽くす**――今の自分に満足せず、学び続ける。業界の最新情報を入手し、動向を把握する。必要なら残業する。しかし、生真面目な仕事人間と思われてはいけない。余裕があるように振る舞おう。

・**つねに改善方法を探す**――自分の仕事だけでなく、全体の改善策を考えよう。有能で協力的なチームの一員として、メンバーに貢献しなければならない。

・**周りを幸せな気分にする**――人の悪口を言わず、嫌われ者の味方をする。人を本気でほめ、ゴシップや無駄話に参加しない。自分の意見はあまり語らず、超然とした雰囲気を漂わせる。これは昇進の秘訣でもある。

・**周りによい印象を与える**――スマートな服装を心がける。仕事に高い基準を設け、それを守る。時間を惜しまず働く。職場は、寝る場所でも、ロマンスを探す場所でもない。職場は全力で働くための場所だ。

・**同僚に優しくする**――少しぐらいの力不足は許してあげよう。あなたも、昔はそうだった。あなたが手本になり、正しいあり方を示す。後輩を背中で導こう。

・**上司の視点で仕事を見る**――上司の視点を理解し、会社全体の視点から物事を眺めるようにしよう。すでに出世したように物事を考える人が、実際に出世するからだ。

・**職場の政治を理解する**――社内政治は、自分の利益になるように利用しよう。遠慮せずに自分を売り込み、仕事に立候補する。仕事嫌いは職場では誰にも認められない。

・**自分なりの一線を決める**――あなたはいい人だが、いい人のせいで他人に利用されることはない。攻撃的になることなく、自分の立場をはっきり主張できる人になろう。

・**仕事を楽しむ**――仕事に情熱を持って、楽しく働こう。

ルール97
自分が環境に与える影響を自覚する

このルールは、何か具体的な行動を要求しているわけではない。ただあなたの行動は環境にも影響を与えている、それに自覚的になることを求めているだけだ。

このルールが行動を求めていないのは、性急な行動を避けるためだ。行動を起こす前に、すべての事実を集めて吟味する必要がある。**自分が変化を起こしたとして、その変化が実際にいい結果につながるのか。それを確かめなければならない。**

たとえば私自身は、いちばん下の子供が生まれたとき、使い捨ての紙おむつは環境にダメージを与えるという説が気になって仕方がなかった。紙おむつは、完全に分解して自然に返るまでに五〇〇年もかかるのだそうだ。

布のおむつなら大丈夫かといえば、そうとも言えないようだった。洗濯するときに電気は使うし、洗剤も水も使う。実際、紙おむつも布おむつも同罪だという説もあった。

問題は、とにかく何らかのおむつは使わなければならないということだ。おむつを使わないと、わが家のカーペットが深刻なダメージを受けてしまうからだ。

とにかく環境問題は判断が難しい。

具体的にどんな行動を取るかは、自分で決めていただきたい。しかし、環境問題に自覚的になるのは間違いなくいいことだ。環境へのダメージはできるだけ小さくするように各自が注意するべきだ。

このルールは、そもそもの「人生のルール」の大前提とも関係する。つまり、ぼんやりと生きていてはいけないということだ。

自分が与える影響をきちんと自覚する――これがルールを持つということだ。完全無欠の善人にはなれなくても、自分の行動の結果を想像できる人にはなるべきだ。

環境を与えられたものとして暮らしていける時代はもう終わった。これからは、自分の行動が環境に与える影響を意識しながら生きていかなければならない。

意識が高まるうちに、自分の行動を変えたいと思うようになる可能性は高い。みんなが少しずつ変化を起こせば、大きな変化につながるはずだ。

ルール98

人類の栄光に貢献する人になる

あなたは、人類の栄光に貢献することもできるし、人類の堕落に一役買うこともできる。

シェイクスピアは栄光に貢献した。麻薬の密売は堕落に一役買っている。村祭りは、人類の栄光に貢献している。財布を盗むのは堕落に一役買っている。チャリティ目的のスカイダイビングは栄光に貢献している。ポルノは堕落に一役買っている。ただし、エロチックな映画は栄光に貢献できるかもしれない……。

違いがわかっていただけただろうか？

私たちを成長させるもの、挑戦しがいのあるもの、ワクワクさせるもの、明るい日の光が当たる場所へと導いてくれるもの。それが人類の栄光に貢献するものだ。

人類の栄光に貢献するか、それとも堕落に一役買うのか。どちらを選ぶかと問われれば、あなたはもちろん、栄光に貢献するほうを選ぼうと考えるはずだ。

ここでの問題は、人類の栄光に貢献する人とは〝いい人〟だということだ。残念ながら〝いい人〟は、最近とみに評判がよくない。

〝いい人〟は退屈で、弱虫で、軟弱だと思われている。子供のころ「いい子ぶって」などと他の子たちからいじめられたことはなかっただろうか。

大人になっても、職場で〝いい人〟になろうとすると、「ボスのペット」「会社の犬」などと呼ばれる可能性がある。

〝いい人〟として人類の栄光に貢献することを選ぶのは、個人的な決断だ。誰にも言う必要はない。黙ってやるからこそ、本当の意味での〝いい人〟になれるというものだ。

他人のやることに口を出し〝いい人〟になるように強制しようとするのは余計なお世話だ。ただ自分は人類の栄光に貢献すると心に決め、あとは黙って実行すればいい。

ルール99

世界の問題を解決する人になる

これは前のルールからさらに一歩進んだルールだ。ただ〝いい人〟になって人類の栄光に貢献するだけでなく、さらに上を目指すことになる。

ここで目指すのは、前向きで、肯定的な行動を取ることだ。もし私たちの誰かが行動を起こさなければ、このすばらしい地球は最悪の場所になるかもしれない。あなたがそれを防ぐ一人になるのだ。

私は先日、イースター島の悲しい歴史についての記事を読んだ。

今から五〇〇年ほど前、ポリネシア人がイースター島に移り住むようになった。当時の島は、野生動物がたくさん生息し、うっそうとした森に覆われていた。

しかし、わずか数年のうちに、ポリネシア人は野生動物を食べ尽くし、木々を伐採して森を丸裸にした。川の水も汚染し、野生動物は絶滅寸前にまで追いつめられた。破滅寸前のイースター島は、観光業によってかろうじて救われたのである。

これは人ごとではない。私たちの暮らすこの世界も今、イースター島と同じ運命を歩もうとしている。しかも、地球には救世主となる観光客など存在しない。

誰かが地球の外からやってきて、きれいな写真を撮るために地球を保護してくれることは期待できない。だから私たち自身が、問題を解決する人にならなければならないのだ。

地球に害を加え、破壊するのは、もう終わりにしなければならない。**問題をつくる人から卒業しなければならない。問題を解決する人となる決意表明をしなければならない。**

「ビジネスのためには仕方ない」「産業の発達を止めることはできない」——こういう言い訳を拒否すれば、問題がこれ以上増えることを止めることができる。

私たち一人ひとりが、地球環境のために自分にできることを探さなければならない。行動を起こし、取り組みに参加し、解決策を見つけなければならない。

今こそ重い腰をあげて、世界に貢献するときだ。**意義のある人生を望むなら、世の中に何か恩返しをしなければならない。借りを返さなければならない。地球上の生命に再び投資しなければならない。**それが、世界全体のことを気にかけ、世界がよりよい場所になることに貢献するということだ。

ルール100

歴史にどう評価されるかを考える

歴史はあなたをどう評価するだろう。自分の胸に手を当てて、正直に答えよう。あなたがこの世を去ったあとに、どんな墓碑銘が刻まれるだろうか？

私が残す足跡はちっぽけだ。人類の歴史の脚注にも載らない。しかし、もし何かを残せるなら、世界をよりよい場所にするために最善を尽くした人物として記録されたい。

あなたはどんな足跡を残したいだろう。歴史があなたについて語る言葉は、どんな内容になるだろう。あなた自身は、どんな言葉になることを望んでいるだろう。

二つの間に、大きな違いはあるだろうか。その違いを埋めることはできるだろうか。違いを埋めるには、何をすればいいだろう。その両方を考えてみよう。

イギリスでは一九七〇年代に、自給自足の一大ブームが巻き起こった。当時は、私も影響された。田舎に引っ越し、ヨーグルトをつくり、サンダルを履く暮らしに憧れたものだ。

しかしその気持ちは長くは続なかった。私には向いていない生き方だったのだ。

自給自足派の主張で共通していたのは**「土地を持っているなら、前の持ち主よりもよい使い方をし、よりよい土地にしなければならない」**ということだ。これには私は完全に同意する。

これは、対象が世界でも同じだ。生きている間は、世界をよりよい場所にするために、意識的に努力しなければならない。与えられた環境を正しく活用し、後の世代に改良された世界を残せるようにしなければならない。

汚染された海、干上がった川、溶けた万年雪を指さして、あなたは後の世代の人たちに「これらはもうすぐきみのものになる。申し訳ないが、ちょっとダメにしてしまったよ」と言えるだろうか。

おそらく**人類の歴史は、自然環境を破壊し尽くした世代として私たちを記録するだろう。**

私たちは環境を破壊し、汚染し、抹殺した。完全な劣等生だ。

それでもまだ一人ひとりは、変化を起こす力を持っている。これから前向きな変化を起こさなければならない。歴史は、個人の責任も問うてくると考えよう。

問題は、あまりにも多くの人が変化を起こそうとしないことだ。多くの人が、個人の責任は問われないと思っている。しかし、歴史はそんな人を断罪するはずだ。

ルール101

社会に還元する

人は世界に生かされている。

たしかに、好きこのんで生まれてきたわけではないが、私たちは生まれた瞬間から食べ物と水を与えられ、教育を与えられ、挑戦の機会と、感動し驚くような体験の機会を与えられてきた。

世界には、すべてがある。この世界は、本当にたくさんのものを私たちに与えてくれる。それを私たちは受け取っているばかりだ。

ここで私が言いたいのは、自分からも、世界に何かを提供したら、夜はぐっすり眠れるようになるだろうということだ。堅苦しく考える必要はない。ショーを楽しんだら、掃除をして帰るボランティアになるのと同じことだ。

あなたから世界に提供するのは、お金である必要はない。むしろ、**自分の時間と気持ち**

を提供するほうがいいだろう。もし特別な才能やスキルがあるなら、それを何らかの形で社会のために活用しよう。それ以外の影響力や権力があるなら、社会のために活用しよう。

しかし、もし何の力も才能もなかったら?

私が思うに、人は誰でも、何らかの形で社会に貢献できる。創意工夫は必要かもしれないが、それでもできることは必ず見つかる。

すべての人が慈善活動家になる必要はない。しかし、慈善活動をしていなくても、恵まれない子供を助けることはできる。

完全にオーガニックな生活は無理かもしれないが、積極的にリサイクルすることならできる。環境に優しい製品を選んで買うことだって、社会貢献の一つだろう。

私たちは、自分にこう質問しなければならない。

この世界は、私が住むことでより豊かな場所になるだろうか?

この世界は、自分が生まれたときよりもいい場所になっただろうか?

私は誰かの人生に前向きな影響を与えただろうか?

私は世界に何かお返しをしただろうか?

おわりに

すべてを読み終わったからといって、ここで安心してはいけない。

最後にお伝えしておきたいことがある。それは「前に向かって進み続けなければならない」ということだ。


今日からは、日々新しいルールを発見してほしい。これまでに紹介したルールにつけ加えて、あなたの「人生のルール」をさらに進化させていくのだ。

本書は出発点だ。絶対的に正しい神の言葉ではなく、あなたのルールを完成させるための出発の合図なのだ。本書をきっかけに、走りだしてほしい。

ここからは、あなたの創造性と想像力、ありったけの創意工夫を注ぎ込んで、あなたのルールを発明していくのだ。

日々の観察で、何かを学んだら、そこにルールの種がないかを考えよう。それをルールに発展できれば、新しい発見を知識として十分に吸収することができる。

あなたがどんなルールを発見したのか、私も純粋に興味がある。ルールは秘密にしておかなければならないが、私には教えてもかまわないだろう。

教えてもいいと思われるのなら、ぜひ教えてもらいたい。私のフェイスブックに連絡をいただけたら、嬉しく思う（www.facebook.com/richardtemplar）。

ルールを実践するには、献身的で勤勉で、決して揺るがない不屈の精神が求められる。その姿勢を忘れず努力を続ければ、必ず充実して生産的な人生を送ることができる。

あまり自分に厳しくしすぎるのもいけない。人間とは失敗する生き物であり、完璧な人など存在しない。中でも私は、完璧とはほど遠い人間だ。

〝いい人〟となって、人生を楽しもう。ルールの実践者として生きるのは楽ではないが、とても楽しい。

健闘を祈る。

『The Rules of Life』第1版は、二〇〇六年小社より『人生のルール』のタイトルで発行されました。

本書は英国で二〇一二年に刊行された『The Rules of Life』第3版を新たに翻訳・編集したものです。

できる人の人生のルール The Rules of Life

発行日 2013年11月15日 第1刷
2014年 1 月20日 第4刷

Author リチャード・テンプラー
Translator 桜田直美
Book Designer 長坂勇司

Publication 株式会社ディスカヴァー・トゥエンティワン
〒102-0093 東京都千代田区平河町2-16-1 平河町森タワー11F
TEL 03-3237-8321（代表） FAX 03-3237-8323
http://www.d21.co.jp

Publisher 干場弓子
Editor 原典宏

Marketing Group
Staff 小田孝文 中澤泰宏 片平美恵子 井筒浩 千葉潤子 飯田智樹 佐藤昌幸 谷口奈緒美 山中麻吏 西川なつか 古矢薫 伊藤利文 米山健一 原大士 郭迪 蛯原昇 中山大祐 林拓馬 安永智洋 鍋田匠伴 榊原僚 佐竹祐哉 塔下太朗 廣内悠理
Assistant Staff 俵敬子 町田加奈子 丸山香織 小林里美 井澤徳子 橋詰悠子 藤井多穂子 藤井かおり 福岡理恵 葛目美枝子 田口麻弓 皆川愛

Operation Group
Staff 吉澤道子 松尾幸政 福永友紀
Assistant Staff 竹内恵子 熊谷芳美 清水有基栄 小松里絵 川井栄子 伊藤由美 石渡素子 北條文葉 伊藤香 金沢栄里

Productive Group
Staff 藤田浩芳 千葉正幸 林秀樹 石塚理恵子 三谷祐一 石橋和佳 大山聡子 大竹朝子 堀部直人 井上慎平 田中亜紀 山﨑あゆみ 本田千春 伍佳妮 リーナ・バールカート

Digital Communication Group
Staff 小関勝則 中村郁子 松原史与志 松石悠

Proofreader 株式会社文字工房燦光
DTP アーティザンカンパニー株式会社
Printing 中央精版印刷株式会社

ISBN978-4-7993-1412-8